老師如何跟學生說話

——親師與孩子的溝通技巧

許麗美　許麗玉　譯

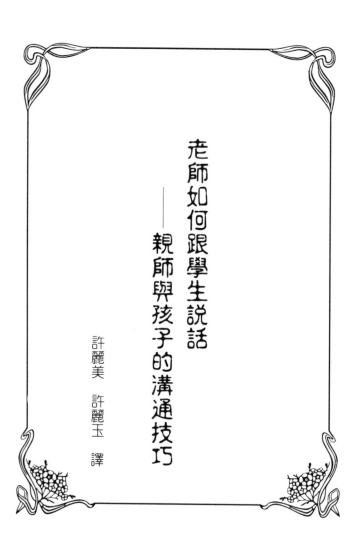

TEACHER AND CHILD

A BOOK FOR PARENTS AND TEACHERS

Dr. Haim G. Ginott

譯者簡介

許麗美

台灣高雄市人，國立政治大學公共行政系畢業。現居美國，出版的譯作有《六帽思考法》《家有資優兒》、《老師如何跟學生說話—親師與孩子的溝通技巧》。

許麗玉

台灣大學外文系畢。曾任高職英文教師、出版社編譯、貿易公司及公家機構英文祕書、張老師月刊特約編輯等。

譯有：《你的四歲孩子》（信誼）、《老師怎樣跟學生說話》、《你是怎樣的人》、《懶散頌—羅素論文集》、《思想科學》等書。

目錄

吳序

《老師如何跟學生說話》（*Teacher and Child: a book for parents and teachers*）是美國著名心理學者基諾特博士（Haim G. Ginott）親師三書的最後一本，也是最有代表性的一本，完成於他逝世的前一年（一九七二年）。當時在美國立刻成為暢銷書，風行一時。台灣中文版由許麗玉女士翻譯（名為《老師怎樣跟學生說話》），大地出版社出版（民六十六），也獲得熱烈迴響，成為暢銷且長銷的好書。二十餘年後，許女士已成為道地的文化人，且是心理出版社的掌櫃（總經理），該書也由基諾特的遺孀重新授權心理出版社出版中譯本，由許氏姊妹——許麗玉和許麗美，重新潤譯。有緣終是有緣，榮業回歸有心人，可說是出版界的一樁美事。而我，也要重作馮婦，再為這個新版寫序，以續前緣。

這些年來，個人深覺世事多變、天道無常，但父母對孩子的操心，老師對學生的費心，卻似乎是永遠不變的輪迴，也註定親師與孩子的溝通是永遠說不完的故事。然而，《老師如何跟學生說話》一書之所以成為此類書籍的經典之著，歷久不衰，卻不是因為這個緣故。原因是它真正能把溝通的原理，透過實例和對話，說得深入而貼切，即使不同文化背景的人讀來，也會深受啟發，而心有戚戚焉。

基諾特的遺孀（也是心理學博士）特為此書再版寫序，讀了令人備感親切。許麗玉二十年前的譯本就很不錯，今日姊妹同心，再加修訂和潤飾，相信更能忠於原著，對於有心的老師和父母，這個譯本重現江湖，應是一項福音，相信讀了此書，可得福報，您不妨試試！

吳武典　二〇〇一年五月一日
於台灣師大特殊教育系

譯者序之一

《老師如何跟學生說話》一書，原係我一九七七年自美返台後，賦閒在家所譯之處女作。當時，我們在肯塔基大學認識的好友吳武典教授，見我閒來無事，常找他囉嗦；也許是想「擺脫」這個小麻煩，即找來海穆・基諾特博士（Dr. Haim G. Ginott）的暢銷書《*Teacher and Child: a book for parents and teachers*》讓我忙得不亦樂乎。雖是台大外文系畢業，但從無譯書經驗的我，在接下這本書時，心中著實惶恐。由於責任感和好勝心的驅使，在吳教授的一再苦心調教下，我逐字逐句，仔細推敲，再三修飾。每隔數日，再看一遍，稿紙謄了好幾遍。這是我空前絕後的「偉大」作法。後來幾年陸續又譯了數本書，未嘗再如此用功過。也許是一旦開竅，信達雅的譯述功力隨即強化之故。

這些年來，因工作關係，有機會接觸各級學校老師。偶會聽到有人對我說：「我小時候就看過你的書。」這句話令我猛然醒悟，時光的確不饒人。由青春年少步入遲暮中年的心境都還來不及調整，倏忽已過十餘載。如今，原作者基諾特博士已然仙逝，原著作權回歸於其夫人。我們以真誠繼惜的心獲得支持與信賴，取得再度全新出版的授權。有點遺憾的是，我本人因工作忙碌，無力獨自譯完全書。所幸有舍妹許麗美女士願意和我一同努力，完成讓這本好書生生不息的心願。

雖然這本書已歷數十年，然而其中蘊含的智慧與真理並不與時俱失。如今讀來，依舊是那麼生動，饒富真味。身為忠實文教出版人的我，為基諾特博士的遺愛人間感到驕傲，亦為其夫人愛麗絲・基諾特（Dr. Alice Ginott）的慨予授權與其媳 Claire Zhang 女士的協助而心存感激。更要感謝吳武典教授最早的引介，以及這數十年間亦兄亦友的提攜，鞭策我扮好出版人的角色。有豐富譯述經驗的舍妹再以戰戰兢兢的態度，不辭辛勞地完成任務，亦是我要特別感謝的。衷心期盼，這本書的重生能幫助天下為老師、為家長者，和孩子間建立起有效的溝通管道，營造出優質的互動氣氛，不再「愛你在心口難開」，祝福大家福慧雙修。

許麗玉　於二〇〇一年春天

譯者序之二

老師的職責是栽培人類的幼苗，所以老師一職受到社會大眾普遍的尊重。為人師表依然是一門令人欽羨的事業。

本書作者基諾特博士傾盡畢生所學，化精闢的理論為淺顯易懂的文字，使老師與父母有機會領受肯切的忠言並互切互磋，難怪一出書，即風行全美。

基諾特博士是一名猶太裔心理學博士。他寫這本書時，曾經向他的夫人表示本書一定要盡善盡美，成為教育界師生問題的經典之作。可貴的是，全書裡沒有艱澀難懂的術語或嚴肅的教條。他把理論化為平易的短文，很容易讓人閱讀和觸類旁通。尤其是他的文章極富幽默與想像力，所以在翻譯過程中，有好幾次我禁不住停筆拍案叫絕、捧腹大笑。

本人有幸參與這項翻譯工作，確實一邊翻譯、一邊吸收到既有道理又有趣的知識。所以十分感謝心理出版社給我這個機會，也感謝基諾特夫人的兒媳（一名中國女作家）不吝賜教，建議以白話方式翻譯本書。此外，更感激基諾特博士遺孀慷慨授予翻譯版權，讓基諾特博士的智慧有機會讓我們均霑。

相信基諾特博士的心血必能帶給各位讀者實質的幫助。

最後，我要以真誠的心特別感謝我的英文老師——Micheline Satkowksi。她不僅十多年來對我諄諄教誨，在本書的翻譯期間，對我不懂的詞句更不厭其煩地詳盡解惑，譬如原作者夫人所寫的序文中提到，要栽培出「好人」要用「好」的方法，而她使用的「好人」一字「Mensch」是猶太文，而非英文，還重複出現三次，那就像對不懂台灣話的人說這「好康」、那「好康」般地令人迷惑，而我的老師卻像活字典般及時指導我，十分感謝她，她是我的恩師。

許麗美

前言

海穆・基諾特在一九七三年十一月四日辭世，他在過世前經歷長期的病痛磨難，享年僅五十一歲，本書是他所寫的最後一本書，在他逝世的第二十年後再度出版。

他在過世的前幾個禮拜再度閱讀他所寫的三本著作《*Between Parent and Child*》、《*Between Parent and Teenager*》和本書《*Teacher and Child*》。這三本書對家長和老師如何跟兒童談話有革命性的見解。他對我說：「愛麗絲，你會看到我的書變成經典之作。」他的預言而今成真。

海穆・基諾特在成為心理學家之前是以色列的小學老師，他畢業於耶路撒冷的大衛耶凌師範學院，不過在執教數年後，他明白自己的能力不足以應付教室裡的「實際」學生，誠如他所說：「我努力地教他們要謙恭有禮、整齊乾淨、聽話合作，而他們卻粗暴無禮、骯髒邋遢、意見分歧。」因此他決定到美國，進入哥倫比亞大學深造，可是，該校的課程也無所助益，他知道自己像多數的老師滿懷壯志投入杏壇，卻欠缺教學技巧以致壯志未酬，未能有人性及有效地在教室裡發揮教育的功能。因此，他想知道如何管教而不侮辱、批評而不損自尊、讚美而不評價、表達憤怒卻不造成傷害、認清情緒而不爭執，以及回應學生的辦法，藉此教導學生信任自己內在的真正感受，進而產生自信。

「教育的目標是什麼？」他會問，「當該說的都說了、該做的都做了，我們要兒童長成端正得體的一個好人，一個有同情心又有擔當的人。」至於那種以打罵方式摧殘學生的老師，難道能調教出「好人」嗎？要教出「好人」只能用「好的」方法，要曉得過程就是方法。我們企圖引導學生專心向學，但不能在過程中傷害他們的心理健康，因此不能光憑教學成果證實哪位老師的教法正確。還有，我們跟學生說話時，不能用激怒的方式，或消弱自信、給與傷害，讓他們對自己的能力沒有信心。由於兒童從經驗裡學得教訓，他們像未乾的水泥，隻字片語對他們都會有所影響，兒童的心特別脆弱，父母或老師所講的話，縱然是開玩笑的戲言，都會在他們的人生中留下嚴重的後果。

因此唯有海穆・基諾特這樣的兒童心理治療師才有能力發展出這些溝通技巧，他能以獨特的態度去聆聽和對兒童說話，用同情而體諒的方式進入他們的世界，並讓家長和老師分享他的知識，如同他所說的：「我是個兒童心理治療師，我醫治有病的兒童，使他們的病情有起色。而我究竟採用了什麼有效的辦法呢？答案是：我以獨特的方式跟他們溝通。

如果關愛式的溝通，能夠引導病童恢復健康，則老師與家長也可以應用這個原則。當心理治療師能夠治癒孩童時，每天接觸他們的人，就是預防他們接受心理治療的人，老師和家長首先必須警覺，然後放棄排斥性的語言，同時學會使用接納性的話語。

事實上，家長和老師都十分諳熟這種接納性的語言，他們對客人或陌生人使用這種語言，以避免傷害感情和不批評行為。當客人進教室拜訪，臨走時忘了帶走雨傘，這時老師會怎麼說呢？他會追出去跟她說：「怎麼搞的？你怎麼每回都忘記帶走你的東西，老是丟三落四的，你都四十四歲，老大不小了！我打賭如果你的腦袋不是長在脖子上，你會連腦袋都給忘了！你怎麼不像你的姊妹？你總該有點責任感吧！」老師不會跟訪客這麼說，老師會說：「這是您的傘。」他們會提醒對方，不會傷及感情。

老師和家長要懂得輕重得失，要知道誰對他們而言最值得小心留意，語言要能產生的是愛而不是恨，減少衝突而不是破壞希望，幽默而非激怒。

可是有許多老師和家長在聽完海穆的談話或看過他的書後感到困惑，他們無法確定他是嚴格或是寬鬆的，他們考慮到，如果開始用關愛的口氣對子女講話，也許得撤銷先前所設定的限制和標準，而如此會造成兒童沒有教養。

海穆・基諾特是既嚴格又寬鬆的，當面臨行為問題時，他是嚴格的。行為有可接納的，也有不可接納的，家長和老師必須自行釐定接受的標準。至於面臨正負或模稜兩可的「感受」問題時，海穆的態度是寬鬆的，因為無論成人或小孩，誰都無法改變感受。他常說：「鳥飛、魚游、人感受。」這是自然現象，所以讓兒童覺得不舒服，或更嚴重地說，造成他們對自己的感受覺得罪惡，這樣做對任何人都沒有好處。

當一個孩子對父母說：「我討厭老師！」這時父母如果這樣回答：「不，你錯了！你怎麼會討厭她呢？她畢竟曾經為你付出過，除此之外，我們這個家只許愛、不許恨啊！」採用這種說詞企圖否定或質疑孩子的感受是有害的，這樣做不僅無法遏止兒童憎恨老師，家長還會錯失尋找困擾子女原因的機會。所以不如承認子女的感受，這樣說對他們的心理健康比較有益：「老師使你很生氣，你能告訴我到底發生了什麼事嗎？」

這些年來，許多家長和老師在紐約州和佛羅里達州向海穆學習。他們對他的見解有實質的幫助。他們提供了許多軼事趣聞，海穆將之列入本書用來說明他的溝通理論。在此同時，他們從他的智慧、熱忱和幽默獲得實惠。他們也奉他為貴賓，邀他回家或蒞臨教室，因為他的睿智良言曾經幫他們度過難關，例如：沈默是金，然後是聆聽；言簡意賅才顯得權威；學習多聽少說；事故橫生的時候，不是傳授教誨的良好時機（「當一個人幾乎溺斃的剎那，不是教他如何游泳的好時刻。」）心思不要用在指責，而要用在找出解決辦法上；努力對訴苦做出回應，而不是防衛或反駁；避免盤問尷尬的問題；說話要針對的是心靈而不是心意。

雖然英文不是海穆的母語，可是他喜愛英文，他跟詩人一樣酷愛它，謹慎而精確地用字遣詞，他像是早期的大師把智慧散布於寓言或雋語中。如：「不要做老師，要做一個為人師表的人。」

有則故事說一位猶太法師死的時候才四十八歲，當他的家人送葬後回到家時，長子說：「我們的父親長壽。」每個人聽到都愣住了：「你怎麼這樣形容英年早逝的父親呢？」這個長子回答：「因為他的生命豐盛；他寫了許多本重要的書，而且觸及許多生靈。」

這就是我的安慰。

愛麗絲・基諾特 博士

（Dr. Alice Ginott）

作者序

孔子說：「工欲善其事，必先利其器。」社會大眾卻都期望老師以「不利」的工具完成達不到的目標。有時，老師們奇蹟似地成就這種不可能的任務。然而，學校不能光靠奇蹟而生存，每位老師都應該得到有效的工具與技術。問題是：心理學足以為他們作預備嗎？治療學上的觀念能運用到實際的教學工作上嗎？

本書說：「可以。」本書所提供的具體建議和實用的解決方法，都是根據兒童治療學的技術而來，而且在課堂上試用過，可以幫助所有的老師處理日常各種狀況和心理問題。

本書的哲理能夠以作者身為老師時所寫的一段話，作最佳的概略說明：「我得到一個恐怖的結論，發覺我是教學成敗的決定因素。我可以用個人的方法去營造學習的環境，也能用每天的心情去決定學習的氣氛。身為老師，我掌握無比的權力，使學生過得悲慘或快樂。我可以做為折磨人的工具或激發靈感的媒介。我能侮辱人或使人開心，也能傷人或救人。無論在什麼情況下，我的反應決定了危機是擴大或是縮小，是教化或獸化學生。」

許多教學上的問題將會在幾十年內獲得解決。那時會有新的學習環境和新的教學方法。不過，老師有一項功能是永遠不變的：老師要營造學生的學習心理。再精良的機器都無法擔任這項工作。

第一章　老師們的現身說法

氣餒篇

一群老師聚在一起談論教學生活。他們都還年輕、資歷也淺，但志氣卻已消沈。有人想半途而廢、結束教書生涯。其他人則決定繼續留任、敷衍了事。他們全都盡情發洩情緒，沒有絲毫保留。

燕　英：教了一年書後，我看清楚了：我不適合教職。當初我滿懷愛心與憧憬地執起教鞭，現在，美夢成空、愛心破碎。教書不是一種專職，而是一種慢性自殺，讓人逐步邁向死亡。

包　博：歡迎參加「半途而廢」俱樂部。如果我告訴你，我多麼厭惡我的工作，你一定會認為我瘋了。我是音樂老師，我喜愛音樂。但是，我想要燒掉學校，然後在火災現場拉小提琴。我討厭校長、鄙視督學，憎恨這個教育制度。我要趕緊活著逃開這裡。

柯娜娜：我難過得想要痛哭一場。我覺得萬分失望，因為我期望過高。我希望當個「好人」。我企圖改造學生、改進學校、改善鄰里，和改變全世界。我真是太天真了！我對著響尾蛇微笑，卻被反咬一口，而今，我也滿身是毒。

陶麗詩：我原先以為我喜歡小孩，尤其是貧困兒童。我想要當個老師，盡心去教，以彌補他們的不足，說服他們相信：自己是聰明而有用的人。結果反而變成，他們讓我覺得自己笨的可以。

爾　洛：我不曾幻想，也就沒有失望。我知道孩子很頑皮，教育制度很腐敗。我從不指望我的心血能扭轉情勢。你們現在全都心力交瘁。你們打算用破瓢舀乾大海，結果卻發現此路不通。

陶麗詩：當初，你為什麼要當老師？

爾　洛：老師是一種職業。如果你不全心投入，感覺就不會那麼糟。教書工作時間短、假期長，還有很好的福利。我喜歡。

柯娜娜：我的天啊！

爾　洛：別對我假裝神聖。我並不討厭自己的工作。只不過因為我看穿這種制度，所以沒有奢望。教書是一門行業。我不喜歡，可是也不排斥。我當一天和尚撞一天鐘，並且盡量從中獲利。

霍倫世：我每天精神飽滿地去學校，累得半死地回家。吵鬧聲讓我發怒。我的教育哲學、學習理論，和所有美好的志願全都煙消雲散。教書令我麻木不仁、視若無睹。我也明白，校長老兄的千里眼和順風耳無時無刻不在監督我。

葛蕾思：我每天告訴自己：「今天會是個太平天。我不會捲入麻煩、大發脾氣，也不會損害我的健康。」可是，我每天都在課堂上失控，回家後既懊惱又自責。我就像一台電腦，隨著程式指示去完成設定的命令：「盡量叫吧，開始歇斯底里，發狂吧！」

何樂德：我想教學生獻身於和平工作。諷刺的是，我總是捲入問題，跟他們爭執。這樣做對我來說，真沒有意思！

爾　洛：你是不是打算講道理、求意義？這個世界荒誕不經，學校正是進入這個世界的最佳預備地。你要制度合理化，就如同嘗試用理論教條殺死自己。

陶麗詩：我在貧民區工作。那裡的人擅長攻擊，他們懷疑你小看他們。我已經學會洗耳恭聽、點頭稱道。我害怕開口。

燕　英：我試圖公平對待所有的學生，但很快就發覺力不從心。我無法理解那些壞孩子。我設想他們十分需要同情和輔導，可是我救不了他們。我覺得自己簡直想要宰掉他們，而他們也心知肚明。

爾　洛：奇怪，我喜歡個性獨斷的學生，受不了懦弱、溫馴、流著鼻涕的小孩。看到他們嗚咽哭泣就生氣。我想說：「你幹嘛不擦乾鼻涕，站起來打回去？」

何樂德：理論與實際之間的隔閡幾乎是無法跨越的。古哲說過，「仁君勝於霸權」。而今，我們卻依然動用武力和灌輸仇恨。我們的校長說：「讓他們恨你吧！只要肯服從你就可以了。」但是我們都知道，學生無法從討厭的老師那裡輕易地學到東西。

葛蕾思：也許我沒有教學生很多東西，不過教書使我更加了解自己。我從來不曉得自己是個過度中產階級化的人，也未曾想到自己強烈要求秩序、整潔和寧靜，直到碰上一群野孩子，他們活力充沛，絕對勝我一籌。經過一段時間後，我受不了吵鬧、打架和撒野。我覺得尷尬與屈辱，並且陷入焦慮和恐慌。這些日子真是悲慟之秋、缺憾之冬、斷念之春。

包　博：你是詩人，難怪教育制度會那樣折騰你。教書確實會抹殺我們的優雅氣質，更何況公立學校不是多愁善感人士的容身之地。

葛蕾思：我受不了學生的談吐與舉止。他們動作粗魯、渾身髒亂，口裡還帶三字經！我班上有些學生連「×你娘」都講得出口。一年到頭，我多半瀕臨崩潰，在憤怒與恐慌中掙扎。每天清晨，我總是祈禱：「上帝，請不要讓我在學生面前發脾氣。」為了自我控制，弄得我精疲力盡。我同意包博和爾洛說的——冷酷無情的人才適合教書。

柯娜娜：我不是不要教書，是書不好教。我每天準備教材，興致勃勃地走進教室，可是，每天總有事故發生，阻礙教學進度。上課時，只要一個學生作怪，全班就起哄；一個聰明小把戲就損失一堂課。天啊！我恨死這些小鬼。

艾　蘿：你的問題出在你進入教職……

柯娜娜（打岔）：你說得很對。

艾　蘿：你滿懷神聖使命而且急於拯救眾生。你疼愛幼童，還打算渡化他們那可憐的靈魂。

柯娜娜：這有什麼不對？

艾　蘿：你終究是個窩囊的老師，容易受到傷害。學生喚起你往日的傷痛，你沒有察覺，卻還沈溺在個人的不幸中。當老師的首要條件是堅強，然後才會稱職。你若是軟弱，即使稱職也只會生悲、招來攻擊。

爾　洛：我同意你的看法。我看過有些老師明明有愛心，結果卻蘊釀仇恨。

陶麗詩：愛心還有用嗎？

艾　蘿：愛是一種複雜的過程。慣於拒絕的孩子是被愛嚇壞過的。他們懷疑勉強的親近，需要的是一個願意保持安全距離的老師。

包　博：感謝你給我們簡短地上了一課「兒童心理學」。你說的都正確。我也注意到過於急進和過分干涉的老師成事不足、敗事有餘。他們被強烈的情緒糾纏。如果有一個學生感到憂鬱，他們就悲傷；如果看到進步，就狂歡不已。教書變成追求個人幸福的根源，利用學生滿足個人需要。他們的情緒經常從過度積極滑落到過度消極，讓學生感到莫名其妙。

陶麗詩：我發覺我們已經從敘述自己的感受變成談論其他老師。我們現在都有一些教書經驗，不如來談點教學態度。

燕　英：我對於去年那虛擲的時光、無精打采的日子、冗長的會議和無聊的言談，感到懊惱。我們的校長說話含糊，還熱中模稜兩可。他總是拖延決議時間，浪費我們的生命。只要被迫表態，他就支吾其詞，愈說愈抽象。跟他說話讓人覺得會在口水的大海裡淹死。

何樂德：上星期我去探訪一所監獄，回家後悲憤交加，禁不住想起為人師表的責任。每個成年殺手都曾是在校數年的兒童；每個作奸犯科的宵小都曾經有過應該要教導他價值與道德的老師；每個犯人都被老師教過。每所監獄都是暴露教育制度失敗的戲台。我們需要仔細反省自身的責任。

陶麗詩：我記得老師怎麼教我們說謊。他們從來不肯接受單純的事實。他們咬定謊話可信又有趣。

何樂德：教育制度是一個敗因。我們有解決的辦法，可是他們從不肯採用。事實上，有效的對策必須從教育制度上做根本的改革。老闆們卻從不允許這麼做。

爾　洛：整體教育制度是以猜疑為基礎。老師懷疑學生；校長懷疑老師；督學猜忌校長；校董謹防督學。各個職位各設條文規章，塑造監獄氣氛，造成含混做事的習慣，也使體制裡的所有成員虛偽、無能或不負責任。

陶麗詩：這就是學生變成騙子的原因。他們學會算計老師的要求，然後如數投合。老師則如法炮製，應付校長。每個人都在欺騙，例如，我們的校長沒有興致過問我怎麼教學生，或我是個什麼樣的人。只要我的上課紀錄正常、成績單準時送出，他就心滿意足了。

艾　蘿：你的故事令人頗為沮喪。我不懂，為什麼成千上萬的老師年復一年誨人不倦。難道他們是公認的被虐待狂？在你的工作裡，沒有令你滿意的地方嗎？

陶麗詩：你認為哪裡值得滿意？

艾　蘿：當然有，只怕你不信。

陶麗詩：那就說吧！

艾　蘿：我和你一樣也有過苦惱，不過，我喜歡被需要的感覺。我還學會逗學生發笑和進一步了解自己。

爾　洛：你現在完全明白了，是嗎？

艾　蘿：真遺憾！你說「完全明白」的口氣聽起來卻像在苦笑。

爾　洛：你還有其他高見嗎？

艾　蘿：多著哪！不過我只願意奉勸你一個真理：小學容不下冷嘲熱諷的人。學生需要學校保護，以隔絕冷酷無情的成人。

爾　洛：棒極了！你的想法真偉大，精神可嘉，可以當上傑出的專業兒科醫生。

包　博：每次校長走進我的教室，我就渾身發冷。這個冷血動物吩咐我要更親切地照顧學生。他說我太嚴肅，需要活潑點。他在場，我就呼吸困難。他說他同情貧困兒童。可是，我也窮啊！他怎麼不多同情我呢？他為什麼不示範一下溫馨的態度讓我來學？至少現在，我就需要一些溫暖的話語。

何樂德：我的上司喜歡閱讀書報和作研究，惟獨討厭一般人。古雅典和中世紀羅馬的教育問題，他無所不知，可是他就是不懂如何指導我這個當今活生生的老師。

燕　英：我們學校的教職員裡多的是混時間、等退休的人。他們才中年就已經暮氣沈沈、無處可去、苦不堪言，成天感嘆那流失的時光。

陶麗詩：有位老教員不斷地勸我：趁年輕離開吧！你看我現在變成這個樣子，你可不要重蹈覆轍，你要為你的一生著想，趕緊離開。教書會害死人、磨滅銳氣、耗盡精力、腐蝕人格。而且每天都跟學生爭執，家長沒完沒了地抱怨，家長會又吹毛求疵。你當老師做什麼？不如為自己另謀高就吧！

何樂德：我終於知道大學教育根本不能幫我們「備戰」，教學生至少需要像開噴射機般的技術。可是在大學裡，他們教我們開拖車，還告訴我們那是噴射機。難怪每回我們打算發動就出錯。

陶麗詩：你說得對。我們的教授講解兒童的需求、家長的需求和社會的需求。我希望他們也讓我認清我的需求。他們讓我相信兒童上學是因為求知若渴，而我的職責則是解渴。現在我清楚多了，兒童上學是來把我的生活整得七葷八素的，這點他們辦到了。

包　博：我們都深感失望，因為我們的初步體驗跟早先預料的不同。教書就像搭飛機，你想飛去熱帶島嶼，卻在北極登陸；你期盼陽光，卻面臨酷寒的北極長冬，這驚訝非同小可。

柯娜娜：難道教育沒有任何希望了嗎？

爾　洛：是呀！小姐，別想了，這樣你才會長壽。

艾　蘿：教育如果無可救藥，人類就沒有希望。我不能接受這樣的虛無論調。我相信人類的智慧和創造力。在教育本身、特殊教育，以及不同的教育上都能找到解決的辦法。

直到制度改變

接下去的對答內容十分雷同，壓力不變而且氣氛單調，因為一直在渲染主要話題，說些新進教師的不滿、失望和氣餒。他們的痛苦源自學校的體制本質。他們的哀傷，引用羅馬詩人——威吉爾所說——由於諸事含悲。

有的老師心灰意冷，有的老師疾呼改革。激進人士愈想在半途中徹底改變制度，保守人士就愈堅守緩和。在此同時，教室裡的作息仍持續進行——學生需要上課、家長需要奉承，校長需要交待。他們全都耗費老師的時間和精力。對老師而言，「如何活得有尊嚴」不是個說說而已的漂亮話題。

有一則故事說一個猶太人遭遇絕境，去找法師求救。法師聽後勸他說：「你要相信上帝！祂會為你安排。」「謝謝，」那人回答，「可是請告訴我，在上帝為我安排之前，我該怎麼辦？」

老師提出相同的問題：「在制度改變以前，我該如何生存？」「我要如何改善眼前的教書生活呢？」

本書意圖回答這些問題。

第二章　最優秀的老師

理論與實際

有則故事說，一位哲學家搭一艘小船，打算過一條大河。他問船夫說：「你懂哲學嗎？」船夫回答說：「我不懂。」哲學家說：「你浪費了三分之一的生命。」然後再問：「你會欣賞文學嗎？」船夫回答：「我不會。」哲學家宣稱：「你白費了三分之二的生命。」就在剎那間，船撞到岩石，開始下沈。船夫問：「你會游泳嗎？」哲學家回答：「不會。」船夫說：「那麼你將喪失掉你全部的生命。」

當緊急問題發生時，哲學通常無濟於事。對一個沈船難客而言，滿腹理論派不上用場，除非他會游泳，否則唯有慘遭滅頂。老師處於課堂危機的愁雲慘霧中，每間圖書館裡的所有藏書，無一堪用。一切的著作和所上過的課都愛莫能助，此時真正有用的，只有技巧。

教書最重要的是有技巧的教學態度。教學態度的重要性已經眾所周知，而且事實上，每次開會總是提醒這些，老師們已經聽得十分煩膩。就像一位老師所說的：「學生的需要我已經知道，而且記得一清二楚。學生需要被接納、被尊重、被喜愛、被信任、被鼓勵、被支持、被激勵、被逗樂，還要有機會讓他探討和實驗，而且都得有成就。天啊！他要求的未免太多。我只不過缺乏所羅門的智慧、弗洛伊德的見解和南丁格爾的奉獻精神罷了。」

在理論上，我們已經明白優良教育的涵義；我們通曉全部概念。可惜的是，沒有人能夠光憑概念教導學生。學生出現的問題千奇百怪，有的史無前例，即使老師相信民主、愛心、尊重、接納、個別差異和個人獨特等理論，到時候依然手足無措。何況這些概念固然偉大，卻失之過於抽象與廣泛。就像手拿一張千元大鈔，雖然是大錢，但是拿來當零用錢用，買杯咖啡、付計程車費或打電話，卻很不方便。一般人應付日常開支，需要的是硬幣；應付課堂作息，老師需要的是心理上的硬幣。老師需要特殊技巧以合情合理地解決時刻會發生的繁雜問題，像小吵鬧、日常糾紛和突發危機。這些狀況全部需要明確而有效的反應。老師的回應有嚴重的後續效應，它會產生服從或反抗的態度，滿意或爭執的情緒，引來改過或報仇的欲望，它也影響兒童的行為和人格，使之愈趨完善或每況愈下。

這些心理層面的事實決定教與學的成敗。老師們最好記住這個重要原則：學習永遠是現在式，而且因人而異。下面章節說明老師如何表現到盡善盡美。

一張安慰的字條

老師在班上分發新書，發到九歲的志偉時正好沒書。志偉淚汪汪地說：「我總是最後一個拿到東西，」他抗議道，「因為我長得比較高大，座位總是在最後一個，所以老是拿不到東西。我討厭我的身材，我討厭學校，我討厭每一個人。」志偉的老師思考如何及時補救，他寫給志偉一張字條：

親愛的志偉：

我知道你一定很傷心，你急切地等待收到新書，卻突然間——出現這樣的一個失望情形。除了你以外，每個同學都拿到新書。我會親自留意，讓你收到新書。

你的老師　上

老師的溫馨話語安撫了志偉，所以他平靜下來，永遠記得這仁慈的一刻。

志偉的老師當初如果持不同的態度，譬如：「小孩子應該及早學會面對失望。」這樣他可能加深志偉的傷痛：「你怎麼為一本書發這麼大的脾氣？你今天沒有收到，明天就會收到。你都九歲了，怎麼還像個愛哭的小娃娃。」

這種處理方式可能加深志偉的痛苦，進而反抗冷酷的老師和不公平的待遇。

「每件事都不對勁。」

那是怡君第一天上五年級。老師指給她看，讓她知道英文課本放在哪裡。怡君去拿書時不小心碰到書架，造成全部課本一起掉落下來。怡君嚇得哭起來。

老師：怡君，書都掉下來了，我們該把它們全部撿起來。

怡君：我第一天上學就搞砸了。每件事都不對勁。

老師：你今天早上很倒霉，是不是？

怡君：是啊，你要不要聽我說發生了什麼事？

老師：好啊！你說吧。

老師一邊幫忙怡君撿書，一邊聽她述說早上發生的倒霉事。開學第一天就在愉快的交談中度過。

老師處理這件事的態度對怡君極有幫助，她沒有開口責罵，卻指出該做的事，以簡短的方式說話，並且用同情的態度聆聽。

輔導「代數」

十四歲的艾玲覺得代數很難學。她感到慚愧又羞於求助。老師注意到她沈默寡言，於是和藹謹慎地伸出援手，對她說：

「艾玲，代數是一門很難的課程，一定要用符號解答問題、用數字代替圖形，而且將數字從等號的一邊換到另一邊時，一定要改變正負符號。你可能需要別人幫你複習，不懂時可以來問我。」

艾玲的老師既和藹又能幹。他沒有盤問、刁難或空口說白話。他的作法是，表達同情和說明解決問題的辦法。

「我老是受騙。」

體育課結束，老師命令學生停止籃球賽。堯治抗議地說：「別人的機會比我多，我老是受騙。」老師說：「為了改變你這種想法，我讓你再投三球。我等你。」

堯治簡直不敢相信這些話。他馬上投球入籃、接球，然後把球還給老師。他看起來心滿意足。

平息這件事的成功因素在於老師的態度。他會變通而且能夠體諒別人。對他來說，學生的感受比嚴格的規則還重要。

小小的調停

珠恩不滿意老師指定的社會科家庭作業題目。當她向老師要求改題目時，老師說：「珠恩，我知道你不喜歡這個題目，你對埃及的宗教沒有興趣。你喜歡的是藝術。菊娜的指定題目是埃及藝術。去跟她商量，看看她是否願意跟你換或跟你一起寫。」

珠恩感謝老師了解她的心意，於是去找菊娜商量。

恢復信心的旋律

九歲的燕音是在老師家舉辦的鋼琴演奏會裡，參加演奏的三十個學生之一。她落落寡歡，看起來神色黯然，獨自縮在一個角落，拒絕與人交談，也不吃東西。老師注意到燕音的沮喪，就走過去跟她說話。

老師：燕音，藍色衣服適合你穿。

燕音：我沒想到你會注意到我的穿著。你怎麼可能注意到每個人？你的學生這麼多，怎麼會注意到我。

老師：你們都是我的學生，我注意每個學生。

燕音（淚水欲滴）：這似乎不可能。我以為你只注意你特別鍾愛的學生，像彈得最出色的啦，而我只不過是個初級生。

老師：我對你們的愛不是用身高、體重或成績來衡量的。我有足夠的愛去疼愛每個學生。

燕音（綻開笑容）：我敢打賭，沒有人像我一樣為你畫那些畫，那些畫可都是創作喔！

老師：我看得出這些畫是你的創作，對這些畫我是百看不厭呢！

燕音不再悲傷了。過後，她彈得很優美，離開老師家時還神采飛揚，忙著跟其他學生聊天。

尊重藝術

老師看到黑板上有一幅諷刺的漫畫，畫的是他的臉，而且畫得精準可笑。學生正等著看他的反應。他有趣地觀察一下，然後說：「畫得很棒！擦掉未免太可惜。我們不如先請作這幅畫的大師把它描在紙上，我要向這位藝術天才致敬！」

這位老師表現成熟。他沒有因不敬的圖畫而光火，沒有被學生的戲謔傷到，沒有揪出冒犯他的搗蛋鬼，也沒有試圖給與羞辱。他避開無用的說教和道德訓話，取而代之的是，鼓勵創作和尊重藝術。

戲劇風雲

學生正在排演「小飛俠」舞台劇。哲夫飾演虎克船長。他跟老師說他不喜歡這個角色，不演了。老師回答說：「我覺得你不喜歡的是劇中的某些台詞。你乾脆把那些台詞按照你的意思修改一下。」哲夫刪掉一句自我誹謗的對白和一個稱女孩子為「我的美人」的稱呼，然後繼續擔任劇中的角色。

老師的技巧挽救了全局。她沒有跟哲夫爭辯或設法改變他的心意，也沒有引發罪惡感

（「你怎麼可以不顧我們？我們少不了你啊！」）。取而代之的是，善體人意和秉公處理問題。

「甘地」

有位代課老師問一個男生叫什麼名字。那個男生回答：「甘地。」全班轟然大笑。老師說：「甘地是個好人，值得我們效法和敬愛。」全班聽完後安靜下來。老師繼續上課。

老師的智慧節省了時間和力氣。如果這種情況交在一個嚴厲的老師手中，可能會變成一場痛苦的磨難和紀律問題。

有益的對談

妮娜（五歲）：老師，你有小寶寶，是不是？

老師：是啊，你還記得？

妮娜：你結過婚，你是「太太」，手上戴了結婚戒指。

老師：你觀察得這麼仔細？

妮娜：我姊姊快要有小寶寶了。

老師：你快要當阿姨了。
妮娜：是的。不過，我姊姊還沒結婚！
老師：噢！
妮娜：是不是結婚後再生小孩比較好？
老師：你感到奇怪，是不是？
妮娜：是的。家裡每個人都很難過又生氣。可是，我很高興。
老師：那是因為你期望當阿姨。
妮娜：是的。不過，我希望每個人都高興。
老師：希望他們和你一樣高興？
妮娜：是的。
妮娜停了一下，然後跑向老師，抱著老師。

這段對話顯示老師給了許多有益的幫忙。她看出妮娜的心思，說中她的感受，嘉許她的觀察力，並反映出她的隱藏願望，因此，妮娜感到被人充分了解、接納和尊重，以致用愛的動作回報老師。

安慰而不用解釋

這個事件是一位三年級老師說的：

「在午餐值班時段，每當有學生哭著跑來找我，我就安慰他，不問原因，僅只這樣就能止住哭泣。當他們不再哭泣時，表情彷彿在說：『謝謝你，你了解我。』

有一回，我在午餐室值班，八歲的力宏痛哭流涕地前來找我。當時，很難看出他悲傷的原因，不過稍後我明白，原因並不重要。他來找我是為了尋求安慰，不是找我調查真相，所以我拍拍他的腦袋，說：『我懂，力宏，我懂。』當我繼續說別的安慰話時，他逐漸恢復了平靜，不覺得有必要解釋哭泣的原因，就面露笑容地走回座位。」

急救

七歲的志明認真地捏塑泥船。他捏好形狀、做槳、放上泥人，打算把他的傑作拿去給老師看。可是當他快接近老師時，博思撞到了他，於是泥船掉到地上，摔得支離破碎。志明看到這種情形不覺放聲大哭，痛毆博思。這位老師知道如何急救情緒。他先拉開這兩個男孩，然後專心處理志明的傷痛。他說：「我看到你在捏船，知道你很用心，難怪船摔壞了，你會這麼傷心。這裡有些新的黏土。等你心情平靜以後，重新捏一艘吧！」

老師故意忽略志明的大發脾氣，也沒有責備博思，或追問他的動機。他全心安撫志明，藉此幫他恢復自制和自尊。

一張緩和的便條

學校護士傳來一張便條，要求八歲的麗雅種牛痘。麗雅開始哭。

老師：種牛痘很恐怖，是不是？

麗雅：是的。

老師：你希望不必去護士那邊嗎？

麗雅：是的，我害怕。

老師：我懂，讓我寫張字條給護士，要求她對你特別留意些。

老師寫完字條後，麗雅就去找護士。麗雅回來時已經哭得涕泗縱橫。老師問：「你覺得很痛嗎？」「是的，」麗雅回答，「剛開始很痛，不過現在好點了。」

這位老師幫了大忙。她沒有挖苦麗雅（「像你這樣的大女生，竟然怕一根小針頭？」），沒有動用僵硬的理論（「為了你的健康著想，你需要打針。」），也沒有做錯誤的保證（「打針一點也不痛，只不過像搔癢。」）取而代之的是，她告訴麗雅，她明白打針的感受，了解她的願望，以及表現出助人的態度。

輕微的懊惱

七歲的魯碩在班上玩填字遊戲時，因沒有參與的機會而感到憤恨不平。遊戲結束後，他有些懊惱。

魯碩：你不喜歡我，你比較喜歡別的學生。

老師：魯碩，你真的這樣覺得嗎？

魯碩：是的，你從沒點過我。

老師：你喜歡我經常叫你，希望有較多的機會，是不？

魯碩：是的。

老師：魯碩，謝謝你提醒我，告訴我你的感受。我要把你的意見記下來，這樣我就不會忘掉。

在這次意外事件中，老師發揮了才華，沒有否定學生的感受，也沒有反擊。她不採取警告或懲罰，這樣做反而贏得學生的心。

和藹的糾正

九歲的大衛把他的家庭作業拿給老師檢查。

老師（注意到錯誤）：你必須重新檢查這些問題。

大衛：你看我時，你的態度好像認為我是個傻瓜。

老師：是嗎？那我把態度調整得親切些，好嗎？

大衛：親切是什麼？

老師：是文雅、和藹。你的家庭作業很難做，題目又很多。你已經花上許多時間和精神去做，對不對？

大衛：對啦！說的正是。

大衛接著開始檢查問題和改正錯誤，心情變得很愉快。

老師的親切反應避免了爭執與責難。大衛攻擊她時，她安如泰山，不攻不守，沒有反擊，也沒有否定大衛的說詞。她選擇婉轉而不爭論；她用體諒代替解釋，去扭轉對話的內容。

訴。

專注在感受

七歲的盧笛忽然放聲大哭。老師走過來問他：「發生了什麼事嗎？」盧笛一面點頭，一面指著他的新玩具車。「輪子被敲掉了。是朱力歐弄的。」他哭訴。

「我不是故意的。」朱力歐回話。

「盧笛，這是你的新車，是不是？」老師關心地問。

「是的。」盧笛回答。

「哎呀，難怪！」老師說。

盧笛停止哭泣，沈默了片刻後，開口說：「算了，我家裡還有另外一輛。」危機就此解除。

這個事件顯示明快與同情的力量。老師省掉盤問、指責和教訓。她沒有問盧笛為什麼帶新車來學校或朱力歐為什麼破壞玩具。取而代之的是，把注意力集中在感受上。這件事印證：船到橋頭自然直。

賦予尊嚴

十二歲的樹珊自願週末到學校圖書館幫忙編寫目錄。到了星期六，她發現功課做不完，因此後悔自己所作的承諾，也為此感到沮喪，所以那天早上，當她到達圖書館時，已經淚流滿面。她的老師沈默地傾聽她所說的理由，然後說：「你這麼不情願，還準時來工作，真了不起！這是守紀律、有修養、品格高尚的表現。」老師的評語立刻安撫了樹珊，使她覺得自己像個女英豪，一個了不起又負責任的人。

老師的作法傳達了敬意、賦予尊嚴，並且挽救了情勢。樹珊得到的立即反應是：有人珍惜她的付出，敬仰她的品德。

如果老師當時用道德標準來衡量或說出貶低的評語，這件事就不會有好的結局。如果她這麼說：

「你怎麼整個禮拜的功課積壓到最後一分鐘才做？」

「如果你知道功課太多、做不完，為什麼還自願當義工？」

「下次答應當義工以前，要先想清楚。」

「無論如何，你今天算是白費時間。」

「你在圖書館或許會學點東西。」

適當的目標

表現優秀的老師都有一個共同傾向：他們都不相信霸道，不會說教，也不會抬出倫理道德。他們沒有散播罪惡感或要求承諾。他們沒有對輕微的不當行為分析來龍去脈，或對意外事件追根究柢。他們不會對學生的過往經歷或長遠未來抱持成見。他們處理眼前的事，關心學生此時此地是否無恙，就像一位老師所說的感言：「以前，我習慣著重於未來的發展。現在，我的目標比較適當：我注意眼前的心境和普遍的需求，捨去遙遠的烏托邦。我要在我的班上做到完全合乎人道精神。」

表現優秀的老師是活榜樣，他們證明如此的轉變是可能而且實際的。

第三章　最不稱職的老師

有位著名的攝影家向朋友提起一個貧困印地安小村落的悲慘絕望的景象。「在那個地方，到處可以看到女的懷孕、小的生病，加上男的失業。整座村莊是廢墟一片、土地荒蕪。」他的朋友問：「你在那裡做什麼?」攝影家回答：「我將他們拍成彩色照片。」

老師不像攝影家，不可以躲在真相背後。雖然同樣是專業人士，老師卻要以悲天憫人的情懷做為終身首要之志。老師為人師表，即使處在壓力下，也要行止適當，顯出任重道遠的風範。老師要因時制宜，不可以衝動行事。

所有的老師都很辛苦地工作；學生提出要求，老師就要不辭勞苦地給與答覆。可是，有的老師卻過度介入，在原可避免的爭端、能夠化無的小事，和可以預防的紛爭上浪費時間和精力。每所學校都大量地損耗人力資源，在沒有必要的衝突與爭論上費時費力。

下面的事例顯示在日常教學環境裡，不適當的語言和行動所造成的破壞力量。

「你是天生遲鈍的嗎？」

老師對學生說：「你們坐下！」可是有個男生還站在走道上。老師生氣地轉向他說：「艾福瑞，你還在等什麼？你要我特別請你上坐嗎？你怎麼老是最後一個？你是天生遲鈍，還是要等人來伺候你？」艾福瑞畏縮地坐下。

老師唸起一首詩，可是艾福瑞充耳不聞。他的腦海裡早就起了無聊的幻想。他假想著老師死了，而且全神灌注在葬禮的儀式中。

師生之間不能使用尖酸的語言，因為這種語言會激起怨恨心理以及報復性的幻想。老師當時可以直截了當地表明自己的意思：「艾福瑞，我要念詩了！」多數兒童聽到這種暗示都會起積極反應。如果說完後，艾福瑞還站著不動，老師可以堅決而不攻擊地表達自己的困擾與期待：「每個人都坐好，準備上課了，你怎麼還站著，讓我看得心煩。」

強迫審美

美術老師拿出兩幅畫給學生欣賞。他要學生說出他們最欣賞哪一幅畫。輪到十二歲的弘立發表意見時，他卻久不出聲。老師說：「我們沒有時間再等下去，快打定主意選一張吧！就怕你沒有主意。」弘立羞紅了臉，全班笑個不停。

以學生的自尊為代價去製造笑話，絕非教學正途。一個溫吞學生不會因為受到諷刺而變快。心理問題不能用譏笑來解決，因為譏笑會衍生仇恨和招來報復。學生有困難時，老師的主要職責是援助。因此，他可以對猶豫不決的亨利說：「要說出比較喜歡哪一幅可不容易，要挑選還真難。兩幅畫都有你欣賞的地方。你來說，哪幅畫最觸動你的心？」

藝術不能用長柄的大鎚強制敲入腦袋；美學不可以用不美的方式來傳授。

連除法

九歲的麥馳解答連除法時，除到一半，就做不下去。他請老師幫忙，老師回答：「我講解這題時，你的心飛到哪裡去了？你向來不專心聽講，老是貪玩。現在，你要求特別輔導，可是教室裡又不是只有你一個學生，我沒有時間為你開特別班。」麥馳走回座位，在剩下的時間裡，盡想些別的方法來搗蛋。

老師即使忙碌也可以幫忙麥馳，老師可以回答：「連除法不容易了解。我希望現在就有空可以教你。不如這樣，我們約個彼此都方便的時間，好嗎？」

學生通常在功課碰上困難時開始行為出軌。他們不敢求助，因為經驗告訴他們，求助會招來譴責。他們寧可頑皮被罰，也不要因無知被取笑。老師對付頑皮學生的上策是心甘情願地幫忙。

辱罵

九歲的慕娜沒有準時做完功課。老師責備說：「你懶惰、粗心，而且沒有責任感。」下課後，慕娜告訴老師：「你顯然不了解我。我不懶惰、也不粗心。我很注重功課而且都很用心在做。我在你的班上只不過四十分鐘，或許因為時間太短，你不能像別的老師一樣了解我。」

老師回答：「你這個幼稚的小傢伙，我怎麼會看錯。你是個伶牙俐齒的大嘴巴。回家告訴你媽媽，要她來學校見我。我要跟她討論你這個多嘴ㄚ頭。」慕娜淚流滿面地回家。

辱罵是為人師表的禁忌，只會導致學生有樣學樣、跟著辱罵，何況，辱罵還會引起憤怒。除此之外，學生通常透過老師的反映去了解自己，所以老師的評語對學生有重大的影響。

老師當時可以幫助慕娜建立好的自我形象。他本來可以回答：「多謝你告訴我，你在意功課。我對你的觀感可能是下得太快了。」這樣的說詞必然能夠恢復和平並引發善意。

窺探隱私

十一歲的健妮平時活蹦亂跳、聒噪多語，今天卻靜悄悄地呆坐一旁。

老師：你今天怎麼搞的？

健妮：沒事。

老師：別這樣，快說吧！我看得出你有心事。到底什麼事讓你心煩？

健妮：沒事的。

老師：你聽我說！對我來說，你像一本敞開的書。我知道你的個性。我看得出你的心情。你今天到底那根筋不對了？

健妮：不要講了。請不要再講下去。

老師：我的小小姐，你說的是什麼話？我應該趁機給你上一堂禮儀課，不過，這次我饒了你。你現在連自己悶悶不樂都不知道，我比你還了解你自己。

健妮遮住臉，在剩下的時間裡一直默不作聲。

健妮的老師有敏銳的觀察力，可是於事無補。窺探別人的隱私總是危險的。我們要保持良好的風度，一定不能使用窺探的方式。何況，禮貌上人與人之間本來就應該保持距離，在沒有得到允許的情況下，不應該侵犯他人的隱私。我們應該知道，自白必須出於個人的選擇，每個人都有權利保持沈默，因此，告訴學生「我比你更了解你自己」，是情緒上的傲慢行為，形同違法侵害。施與援手的最佳方式是謹慎與簡明，譬如說：「我能幫你什麼嗎？」施出援手的人若粗聲大氣地大作文章，給與疲勞轟炸，只會給受援者難堪而已，這樣做又會製造僵局和仇恨。

苛刻的盤問

九歲的費立思向他的老師抱怨說，有個六年級男生用課本打他的頭。

老師：他一走過來就出手打你！就像這樣！你沒有惹他。你只是無辜地站在一旁，根本就不認識他，是嗎？

費立思（哭著）：是的。

老師：我不信。你當時一定做了什麼事。我知道你惹事生非的本領高得很。

費立思：我什麼事也沒做啊！我只是站在走廊上做自己的事。

老師：我每天都經過走廊，從來沒有人出手打我。你怎麼老是招惹麻煩？你最好小心點，不然，說不定哪天會闖出大禍。

費立思抱頭痛哭，此時，老師轉身去忙自己的事去了。

在這個意外事件裡，老師在該聽的時候卻開口譴責；在該明白究理的時候卻否認事實；該回應情緒的時候卻盤查問題所在。他應該這樣問：

「你一定很痛，是嗎？」

「這件事一定讓你很生氣。」

「你一定覺得很受不了。」

「你如果願意的話，請你把整件事情寫下來，我好看看如何處理。」

對一個遭遇困難的學生來說，老師能夠真正了解他的感受和委屈，永遠是有益的。

不是笑話

十歲的安帝站在黑板前，講不清楚要如何演算一條乘法問題。老師說：「只要你一開口，人類的智慧就少一些。」全班哄堂大笑，安帝呆若木雞地站著。老師指定另一個男生上台解答，還吩咐安帝上課時要用兩隻耳朵專心聽講。

結果是，安帝連一隻耳朵都不肯動用，他的心早就飛到九霄雲外。安帝已經學會對成人的責備不理不睬。他知道遭受譴責時，讓自己活在幻境裡，既安全又不會受傷。

老師沒有把安帝從孤立中誘導出來，反而落井下石，逼他更加封閉。安帝需要的是學習乘法，不是尊嚴掃地。教學雖然不易，但是要一個人學得聰明些，總要有另外一個人肯持續推動與付出代價。

姓名乾坤

有個男生名叫「偉智」，他在回答一題簡單的問題時竟然答錯。老師說：「你再稍微用點腦筋，就可以名副其實地有半個『偉人的智慧』。」全班哄堂大笑。偉智面紅耳赤，躡手躡腳地走回座位。

從此以後，同學們不客氣地嘲笑偉智。他們學習老師的壞榜樣，還加油添醋，隨興更改，稱呼偉智「半天才」，或改口叫他「半白痴」等。結果造成偉智無法忍受，最後只好轉學。

老師像外科醫生，絕對不可以隨意下刀，因為，傷口可能永遠存在。

一隻毒筆

十六歲湯牧的英國文學考不及格。他的老師是個默默無聞的小作家，眼看發揮才華的機會來到，就在湯牧的考卷上寫著：「萬事無常，唯有無知永恆。你是最佳的例證。」湯牧自慚形穢，老師的評語正肯定他原有的自卑，因此，他接受老師的評價，毫不反駁，因為這符合他的自我意象。不過，他跟著聯想到自己的命運與前途，整個人不覺變得沮喪。他放棄了所有的社交活動，最後輟學。

諷刺對兒童有害，會破壞兒童的自信與自尊，就像毒藥會致人於死地。尖酸刻薄和譏笑只會加重當事人被攻擊的缺點。

「你什麼都不會做嗎？」

十一歲的凱爾打不開教室的窗戶，老師說：「你連窗戶都不會開嗎？你到底會不會做事？」凱爾羞紅了臉，走回他的座位，暗自詛咒。

老師的反應太過傷人了！兒童對自己的能力一向沒有信心，公然批評他的智能，等於擊中了他們最脆弱的要害。惡毒的批評不但不會激發學生改進，反而會毀掉他們的學習動機。如果凱爾的老師在這種情況下這樣說，可能會比較有益。

「那個窗戶是不是又有毛病了？」老師當時如果這樣說，凱爾可能會鬆一口氣，安心地再用力一試，而且，凱爾也會因為老師幫他避免尷尬而敬愛老師。

「梵谷大師，你聽著！」

老師：你為什麼沒做作業？

巒恩（十六歲）：我沈醉於繪畫，當時我的創作靈感泉湧，我可不要畫一半，停下來做作業。

老師：你是創作天才，是嗎？你連停下來一個小時做作業都辦不到。梵谷大師，你給我聽著，你拿創作當做藉口，這只不過是個藉口，跟你的作業沒有半點關係。你可以拿這種藉口去騙你媽媽，別對我玩這一套。你這個乳臭未乾的小子，我比你高明，我知道你是什麼料子，你分明是赤腳乞丐做白日夢，哪裡有什麼才華。

這種攻擊委實沒有必要。因為，這樣做只會徒然加深師生之間的隔閡。口頭責備不會改善學業或助長人格，只會引發仇恨。在這件事裡，老師如果能夠對學生的藝術主張表示興趣，事情發展的結果將會比較圓滿。老師甚至可以從中學到現代藝術觀念。何況，彼此客氣地分享生活與藝術觀感，總比憑空饒舌更能增進課業成就。

「老師不應該這樣講話！」

十二歲的史笛用鉛筆刺包博娜。包博娜回頭怒目以視，不發一語。這時，史笛馬上聽到老師斥責。這件事如果不是老師從中介入，可能就此了結。老師卻高聲恐嚇：

「史笛，你再做一次，就滾出去，永遠不要進我的教室！你搗蛋成性，我已經對你感到厭煩。你真是條害蟲！」

史笛尷尬地低下頭，卻使了個眼色給他的死黨。他的死黨迅速前來搭救。

「老師怎麼可以這樣講話！」魯思愓抗議，「這樣會對我們的心理產生不良的影響。」

「別耍嘴皮子！」老師大叫，「這事跟你無關。」

「哪個人不需要互助，」魯思愓回答，「侮辱會造成我們自卑。」

「閉嘴！」老師咆哮道，「你不要在那邊幫腔造勢，我不會上你的當！」

吵鬧聲消散，教室裡一片死寂而且充滿惡毒的氣氛。

老師宣布：「今天我們要討論舊約語錄中記載的仁慈與同情的美德。」

老師語畢，全班爆出乾笑。老師開始講解仁慈的特質時，全班立刻靜下。這位老師做了一連串錯誤的動作。他介入不必要的調停，使用恐嚇方式，還當眾大發雷霆使他顯得粗暴無禮。他傳授錯誤的價值觀並示範偽善。由他傳授同情的美德，真是恥辱，因為仁慈唯有以仁慈的方式教導才適當。

和平之戰

上社會課時，十五歲的羅爾發表意見說：「我認為我們應該退出聯合國，因為聯合國沒有任何作為。每天所做的事，不是討論來、就是討論去。」

老師打斷羅爾的言論說：「那真是無稽之談。你太年輕所以不能理解這麼重大的事情。你對聯合國究竟了解多少？你看過有關聯合國的書籍或報導嗎？你上一次看報紙是幾時？你真是無知。難道你不知道，如果沒有聯合國就沒有和平的希望？」

這位老師或許強烈支持聯合國與聯合國的和平使命，可是，他回應羅爾的方式無疑是在掀起一場新的戰爭。他應該知道抨擊言論會引起仇恨和憤怒，也會帶來反擊。身為老師，即使在被激怒的情況下，也不可以貶抑學生。老師應該莊重地回應學生的感受和談話內容。這位老師本來可以這麼說：「我知道你對聯合國有強烈的感慨，對聯合國的表現深感失望，看到聯合國的無能就洩氣。可是，除了聯合國以外，我們還有別的選擇嗎？」

公平遊戲裡的失敗教訓

艾貝爾先生是體育老師，他正帶領一群學生打球。八歲的泰德突然哭起來，老師問：「你哭什麼？」泰德低聲回答：「因為你從不扔球給我。」老師不耐煩地看他一眼，然後說：「這裡又不是只有你一個人，每個學生都有相同的機會。你要學習等待，等待輪到你。別在那邊哭鬧，像個娃娃！」老師繼續扔球給別人。

泰德聽不懂老師所說的公平遊戲規則，因為哭泣中的兒童聽不進民主道理。當孩子感到委屈時，最好的對策是了解他的苦衷和願望。因此，艾貝爾先生當時應該對哭泣的泰德說：「喔，這就是你哭泣的原因。你要我扔球給你。來，泰德，你來接住這一球！」

事情如果沒有處理好，老師可能會喪失和藹的形象。事態的發展猶如雪球翻滾，只有可能日益嚴重。

一件扯破的大衣

九歲的何瑞玩遊戲時，無意中扯破自己的大衣。他哭著跑去找老師，對老師說：「媽媽會打死我的，她會活剝我的皮。」老師問：「你為什麼不小心點？媽媽不會打死你，不過，你少不了要被教訓一頓。」何瑞難過地倒地痛哭。老師趁機告誡全班要注意安全，還指出何瑞就是個反例。

無論如何，老師首先要講究人道。別人懲戒的時候，老師則加以安慰；別人責備的時候，老師則給與援助。有同情心的老師會說：

「你擔心媽媽看到大衣破了會懲罰你。讓我寫張字條告訴她，說這是意外。」這張字條或許無法避免何瑞回家後，仍然要遭受皮肉之痛，可是，這樣做可以免除何瑞在學校受到傷害。

私下大迫害

下面是一位實習老師所寫的：

「我今天在學校目睹一件私下集體迫害的事件。我看到一位老師的行為危及三十個學生的生命——她就是羅老師。她用唇槍舌劍在教室裡展開殺戮。她早上一進教室，開門見山就破口大罵一個遲到的男生；接著，轉身怒罵一個忘記帶作業的女生；再來，誣賴一個男生偷抄作業；然後，言詞犀利地痛宰偷抄被逮的學生。清晨一大早才剛開始上課，整間教室的氣氛已經污穢不堪。」

一位母親的證言

下文是一位母親參觀兒子的整日作息後所寫的：

學校開放週讓我有機會坐在兒子的教室裡旁聽，觀察六年級的男生整天在學校裡做什麼。我及時踏進數學教室，看到學生們安靜地走進來，坐定後翻開筆記本。當時有些學生在輕聲交談，突然一個身穿迷你裙的年輕女人出現在門口。她面帶怒氣，不發一言，用手指頭磨出尖脆的響聲，然後轉頭朝向走廊。學生們合起課本，擠出教室，然後在室外排隊。那個年輕女人指責學生：「我要重複講多少次，你們才記得住規矩？老師沒來以前，不准進入教室！」

學生們溫馴地再度走入教室，才稍坐定，她就像連珠炮般掃射起來：「志偉，我要你今天少惹麻煩。傑米，你能不能五分鐘內不說話？我懷疑你辦得到。羅傑，你今天有沒有帶作業來？為什麼沒有？嗯，這個藉口不成理由！來，現在我們來核對家庭作業。誰會回答第一題？」全班舉手。

「七十三？」

「錯。」

另一個學生用力揮手：「七十八？」

「錯。誰能回答？快講。」

「七十五？」

「對。怎麼這麼多人到現在還不會做這題，這題我們以前做過的呀！下一題。」

這樣的過程一再地重複，直到所有的題目全部核對完畢。剩下的時間裡，她教一小撮學生反覆練習小數點，其他的學生坐在位子上自修。

上課鈴聲再響，我隨著學生走進語文教室。老師一開始就叫每個學生打開文法課本。她語音單調地講解副詞子句，然後要學生在作業簿上做練習題。有些孩子喃喃自語，不能確定自己是否寫對。她告訴他們，如果專心聽講，就一定會寫。

當鈴聲又響，學生們迅速收拾桌上的東西，在走廊上走了一大段路，來到科學教室。他們安靜地坐下，翻開筆記本，等老師來。老師終於來了，他是個外表英俊、衣著講究的年輕人。他雙眉深鎖，小心地脫下夾克，然後把夾克掛在椅背上，接著，拿起一根長尺敲打桌面，開口說：「朋友們，和那些不是我朋友的人，像史龍、凱貧和柯隆博，下面這些動物應該歸在哪一類？」

有個女生舉手發言：「畢老師……」

「你沒有禮貌！」

「可是，畢老師，我有舉手啊！」

「你是舉了手，可是你也張開大嘴吼叫！」

在學生們還結結巴巴，說不清各種類別的冗長拉丁名稱時，火急的練習就緊跟而來。而且，每個拉丁名稱之後，一定伴隨一聲長尺重擊的聲音。過後，畢老師走向黑板，快速地畫出另一種海洋動物，並且附上名稱和類別。他警告全班要仔細地描畫，彷彿下次考試時，他們憑這次的記憶就應該要會辨認。

每個學生本分地抄筆記，只有一個男生例外。他盯著黑板上的圖，舉手問：「畢老師，那隻動物的外殼上有一個孔。」

畢老師看起來很不耐煩。他回答：「對。傑輝，你問這個做什麼？」

「那個孔有什麼用途？」

「我不知道」，畢老師高聲回答，「牠就是長那個樣子」

傑輝興致勃勃地問：「那麼，沙子會不會跑進去，傷害牠呢？」

「不，……嗯，也許會，不過如果那個孔沒有用途，在進化過程中就會消失。現在我把這些講義發給你們。你們利用剩餘的時間，照我的題目自行研究。」全班接著安靜地做功課。

回家後，我為白天目睹的景象而震驚，百感交集。學校裡沒有一個人露出過笑容。整天沒有一個人笑過……沒有一個老師表現出喜愛學生，也沒有一個老師能不憚其煩地誘導學生。誘導不應該只是師範學院規定的一個學分……誘導是用來培養孩子的愛心，我們所謂的教育全蘊含在「愛」中。人喜愛貝殼，才會為貝殼取名字。取名是因為想更親近貝殼，對貝殼產生敬意，即使貝殼本身不在了，他仍將記得它。取名這個做法是愛的表現，數學裡的小數點、演講的部分內容或一枚貝殼，其間所含的道理是相通的。然而，愛的行為有其先決條件，也就是必須先養成溫馨、關懷、安適、靈敏、柔順和技巧。而我所看到的景象卻沒有這些，反而是一些虐待狂式的強迫灌輸。在逼迫兒童的同時還指望兒童有反應。事實上應付強迫唯有一途，對兒童來說，就是閉鎖心靈。

有希望嗎？

可悲的是，本章提到的事件並不唐突。全國成千上萬的教室裡，每天都有這種事情發生。老師能夠改善這些嗎？

有個故事說，有位東方的國王買了一幅摩西的畫像。他的參謀端詳這幅圖像後下結論說：「摩西生性殘忍、貪婪和自私。」國王感到奇怪，因為眾所皆知，摩西是個仁慈、慷慨和勇敢的領袖。國王決定親自拜訪摩西。國王認識摩西後對他說：「我的參謀錯了。他們對你的判斷完全錯誤。」但是，摩西不同意，他解釋說：「他們看到的是我的本性，卻沒有看到我努力克服本性。因此，他們看不清我的為人。」

言行的改進很少自然發生，通常需要刻苦努力才會看到成果。每位老師都可以察覺到，有的態度會導致疏離，有的語言可能帶刺，有的動作會傷人。老師跟學生溝通時需要耐心和謹慎，這樣就可以減少摩擦和挑釁。

作家詹姆士說過：「一個人的經歷是一場惡夢，我正打算從惡夢中醒來。」每個人的經歷，或多或少存有需要從中擺脫的恐懼，如，無形的規則、惱人的限制、有害的信念。老師不能執著於未經檢視的禁忌、麻痺人心的偏見和令人心寒的情緒。老師必須具備極大的心理彈性，才能夠從學生的角度看到實況。年齡的差距和心理上的利害衝突，導致成人與兒童間的隔閡。唯有真正設身處地投入，才能確實回應學生的需求而不至於受到他們的影響。

我們的時代風氣鼓勵侵犯，以權力為名掩飾好鬥的個性，反抗被視為合理，禮貌被誤解為卑屈。老師面對愈來愈大膽的學生卻仍然不能「以牙還牙」。學習取決於因老師的同理心與文明行為而產生情感氣氛。老師每天接觸學生時，應保存這些日漸式微的美德。

下面的故事說明只要努力就會有成果：

有個霸道的老闆，決定改變自己對待廚子的作風。他把廚子叫進來，對他說：「從現在起，我要好好待你。」

廚子問：「如果我遲一點煮好午飯，你不會對我大吼大叫？」

老闆答：「不會。」

廚子問：「如果咖啡冷了些，你不會把咖啡往我的臉上潑？」

老闆答：「不會。」

廚子問：「如果牛排煎老了，你不會扣我的薪水？」

老闆答：「當然不會。」

廚子說：「好，那我就不再把口水吐進你的湯裡。」

學生有許許多多的機會在我們的教育之湯中吐進口水，因此，減少其報復想法對我們有實質的利益。

學校的結構和課程的內容需要改革是不容否認的。然而，誠如本章所述，許多教育問題根源於師生關係。任何的學校改革要有成效，首先必須改變師生關係。

第四章 適當的溝通

如果我們想改善教學生活，應該從哪裡著手？首先，我們要檢討自己如何回應學生。老師所採用的溝通方式具有重要的決定性，將影響兒童一生向善或趨惡。可是，我們通常不會特別留心自己的反應是否流露出接納或拒絕。然而，其間的差異對兒童而言，即使非致命之險，也足以影響他的命運。

老師若想增進師生關係，必須革除慣用的拒絕性語言，學習使用接納性的新語言。老師想要了解學生的想法，必須先得到學生的心。學生只有在感覺對勁時，想法才會正確。

健全的訊息

成人與兒童溝通要注意溝通過程的品質。兒童有權利要求成人給與他們正確的訊息。兒童從父母和老師的談話內容判斷他們對自己的觀感。父母和老師的言語影響到兒童的自尊與自重，嚴重地說，他們的言論決定了兒童的命運。

因此，家長和老師需要根除日常言談裡隱藏已久的不正確訊息，以免這些訊息讓兒童不信任自己的知覺、掌握不住自己的情緒，以及懷疑自己的重要性。一般人所謂的「正常」談話卻往往是逼使孩子發瘋的原因，例如責備、羞辱、說教、德化、命令、霸道、歸咎、警告、譏笑、貶抑、恐嚇、賄賂、追究、暗算等。這些技倆殘害、俗化與獸化兒童。身心健全的人信任自己的內心感受。這種信任是逐日累積而成、可以清楚辨認的。本章提出各種不同的溝通方法，說明如何誘導出健全的兒童。

首要原則

第二章和第三章分別舉出最優秀與最不稱職的老師。我們是否能從中找出一條溝通的原則，而這個原則是最優秀的老師所奉守，又是最不稱職的老師所違背的呢？最優秀的老師以學生的立場就事論事；最不稱職的老師總是批評學生的品格與個性。這在實質上就形成有效溝通與無效溝通之間的差別。

1. 有個學生忘記把書歸還給圖書館。甲老師會就事論事地說：「借書的期限已經到了，你應該把書還回圖書館。」乙老師針對學生的品格說：「你怎麼這麼沒有責任感？每次不是拖延，就是遺忘。這次，你為什麼到現在還沒有還書？」

2.有個學生打翻顏料。甲老師會就事論事地說：「啊，顏料打翻了！快拿水和抹布來。」乙老師則抨擊學生的個性說：「你老是笨手笨腳，你為什麼這麼粗心？」

3.有個青少年蓬頭垢面、衣衫不整地上學。甲老師就事論事地說：「你的儀容確實需要改進。」乙老師就其德性教訓他：「你渾身上下亂七八糟，衣服縐巴巴，頭髮又骯髒，連腦袋瓜都不正常。你到底怎麼回事？除非你打理乾淨，否則休想進我的教室。」

4.有個學生英文考不及格。甲老師針對情況說：「我注意到你的英文需要改進，我能幫你什麼忙嗎？」乙老師批評他的品性說：「你是個聰明活潑的男生，怎麼會考不及格？你最好多用功點。」

在上述所有的事件裡，甲老師傳達的是關心與愛護：乙老師則引發焦慮與憤恨。一個是在解決問題，另一個則在製造問題。

溝通的首要原則是「就事論事，不針對個人的個性和品格」。這個原則可以正確地運用在所有的師生關係中。有效溝通的本質是，知道如何應用這個原則於各種不同的情境裡。

這個原則如果運用在教學情境，老師對待學生的基本態度將會改變，譬如，老師的忿怒表現法、命令時的聲調、獎懲辦法、批評方法和讚美作風、打分數和評鑑的制度、例行的考試工作，以及談話態度都會有所不同。

表達忿怒

我曾經問過一群為數五百人的老師，他們是否記得當年在師範學院時，有沒有人曾經教過他們：「學生老是惹你、煩你、叫你生氣。在你生氣時，這就是應對之道。」結果，沒有一位老師接受過這種指導。

有位老師回答：「事實上，不了解這個問題的人曾跟我們談過很多方法。我們一直以為好老師永遠不會生氣。」

然後，我問：「你們當中有誰整天都不生氣，或一天頂多只生氣一次？」結果沒有人舉手。他們全部都嘗過生氣的滋味。有許多人招認，自己發脾氣時會有罪惡感。有的人覺得自己不適合當老師，因為他們會被學生激怒。

然而，教書的實況是——班上人數過多、需求無限、危機四伏——造成忿怒無可避免，所以老師不必為自己的怒氣感到抱歉。優秀的老師不是被虐待狂，也不是烈士。他不會肩負聖人的重任，或表現天使的行為。他明瞭他有一般人的情緒，而且尊重情緒。雖然他不能始終保持耐性，但是他總是真誠無偽，反應真切，心口合一，不隱瞞煩惱，不假裝有耐性；心浮氣燥時，不會裝模作樣，當個偽君子。

開明的老師不怕生氣，因為他懂得如何表達忿怒而不致引起傷害。他善於掌握這個秘訣，宣洩怒氣卻不侮辱人。即使在被激怒的情況下，他也不至於口出穢言。他不抨擊學生的品性，或羞辱學生的人格；不會罵學生是什麼樣的人，說他們會有什麼下場。開明的老師生氣時依然真實無偽。他會說出自己的看法、感受和期待。他批評的是問題、不是個人。他知道生氣必然帶來一些更棘手的問題。他會使用「我」這些訊息保護自己和護衛學生。

「氣死我了！」「我不得不驚訝！」「我真是火大！」這些話總比下列的話顯得安全：「你是條害蟲！」「看你幹了什麼好事！」「你笨死了！」「你以為你是什麼東西？」

當四年級的韓老師看到全班亂七八糟，他說：「課本怎麼七零八落、散了一地！我看了既失望又生氣。課本不應該散在地上，你們應該把課本收進抽屜裡。」這位老師刻意避開怒罵（「你們這群笨蛋！你們怎麼把教室搞得亂七八糟，你們根本就沒有責任感。」）

有班五年級學生，全班噪聲鼎沸。老師刻意避開辱罵或抨擊（「你們這群畜生！」）他以堅定的語氣說：「我一聽到高分貝的聲音就會生氣。」喧嘩聲立刻平息，然後老師專心講解這句話的含意。

幼稚園的卜老師目睹五歲的艾文用石頭扔同學，當時，她大聲地說：「我親眼看見你扔石頭。我很生氣、也很難過。石頭不是用來打人的。不可以扔石頭傷人。」

老師故意迴避羞辱的語言，如：

「你瘋啦！」

「你可能傷到同班同學。」

「你可能害他一輩子殘廢。你希望這樣子嗎？」

「你是個殘忍的小孩。」

兩個男孩把麵包捏成子彈，互相打來打去，整間教室髒亂不堪。老師說：「我一看到你們糟蹋麵包就火大。難道你們不知道麵包不能用來打人！這間教室需要馬上清理。」那兩個男孩於是默不作聲地打掃教室。這位老師用心避免抨擊和侮辱。他沒有說出：「你們這兩個渾蛋！現在馬上把教室打掃乾淨！你們真髒，連豬都不如。我要把你們的惡形惡狀通知爸爸媽媽。」

全班準備好要去上體育課，有兩個女生卻開始互擲球鞋。老師首先想痛罵這兩個女生，不過，她及時改口說：「你們那麼做讓我很生氣。球鞋怎麼可以拿來丟著玩，它們是穿來上體育課用的。」那兩個女生就此停止扔擲，一起去上體育課。

幼稚園的打掃時間裡，老師幫忙學生收拾積木。羅娜不肯動手收拾她的那堆積木。

老師說：「羅娜，你那邊還有積木要收。」

羅娜說：「我不願意，就不必收。」

老師堅決地說：「打掃時間要收好積木，這是規定。」

羅娜說：「要收，你自己動手收。我才不幹呢！」

老師強硬地說：「現在我生氣了。我認為我們的談話最好到此為止，不必再講下去。」

羅娜哭著說：「老師，不要這樣，我來收不就好了嘛！」

羅娜動手收拾的時候，老師告訴她：「多謝你肯合作。」

這位老師既堅決又有效率。她毫不猶豫地表明要求，也毫不侮辱地加以堅持。她不做冗長的解釋，而只表達自己的感受和期待。

老師生氣時，學生會特別注意聽老師講話。此時正是老師示範良好語言的絕佳機會。老師可以借機運用豐富的詞藻打消一切惱人的怒氣，像令人不舒服的難過、困擾、煩悶、苦惱、挫敗、生氣、火大、暴怒、激動、憤慨，或其他充滿驚訝、忿怒與刻薄的情緒。

表達忿怒的方式還有很多，要靈活運用並不容易，因為一發脾氣，辱罵就順口而出。可是，補救師生之間的溝通卻必須熟悉這種不帶侮辱的憤怒表達法。老師為了要學會這種新的方法，必須做徹底的改變，久而久之，風度自然流露。其實，多數老師對學生都有正確的態度與關懷，他們所欠缺的是表達關懷的溝通方法。每位老師都能摒棄損人的語言、令人痛苦的行為和藐視人的態度，即使處於盛怒，也能避免誹謗的字眼。這些自我約束並不會削弱表達力，反而十足表現了老師的風度，老師學習信賴一種不同的語言——一種生動活潑又無懼無害的語言。老師的座右銘是：「憤怒，可以！侮辱，不行！」

誠如一位老師所說：「即使氣急敗壞，我也不願淪為虐待狂。我告訴自己：你現在得不到任何好處，可是你可以把損失減到最少。確信那些無可避免的裂痕，終究有彌補的一天。」

有的老師說：「生活本身充滿艱苦與侮辱。我們何不讓學生在學校裡先品嘗侮辱的滋味，提早做好應對的準備。」說得也是，現代生活猶如鼠輩競賽。人們爭先恐後，相互排擠、較量、侮辱和欺騙。

我們打算培養學生這樣過活嗎？不，恰巧相反，我們要告訴兒童，老鼠式的競爭不適合人類。我們不希望學校變成蠻荒世界的翻版，而希望學校能夠另闢蹊徑，因此需要通情達理且富有同理心的老師。

符斯特（E.M.Forster）所表達的理念最適合老師參考。他說：「我贊同貴族社會……不是那種建立在階級與影響力的貴族權力。我贊同的貴族社會是由體貼、善感與英勇的人所組成的。這些人存在於全國的各個階層……他們代表真正的人類傳統，永遠勝過殘忍與混亂」。

尋求合作

開明的老師不會把學生看成理所當然的朋友。他知道學生是會愛、會恨而且情感矛盾的混合體。學生依賴老師，而這種依賴卻會滋生敵意。為了減少敵意，老師謹慎地給學生機會去體驗獨立。自治權愈多，敵意就愈少；愈自立就愈不會怨恨別人。

另一個減少敵意的方法是，給與學生參與校內事務的發言與選擇權。正如一位老師所說：「當我採納了尊重自治的原則，就發現課堂上有許多地方可以應用這個原則。這裡有兩個例子可以說明：

外面開始下雪。學生們跑到窗旁，開始尖叫歡呼。我讓他們選擇，我說：『你們來決定是要安靜地賞雪，還是要回去做功課。』吵鬧聲立刻平息。學生們安靜地欣賞雪景。

指定作業時，我讓學生自己決定做十題或十五題數學習題。十歲的馬克大叫：『我可不要多做！』我回答：『你高興做多少就做多少吧！』馬克回答：『我想，我做十五題也不成問題。』」

避免命令是另一個減少反抗的有效辦法。兒童和成人一樣討厭到處受人指使、命令和強制（「照我的話去做！不必問。」）他們討厭別人侵犯自己的自治權。老師的言行舉止如果顯示尊重並且維護自尊，學生就比較不會反抗。譬如：

甲老師：這種聲音吵得令人心煩！

乙老師：不准吵鬧！

甲老師：數學作業在第六十頁。

乙老師：拿出數學課本，翻到第六十頁。

甲老師：你的課本掉到地上（下一句如果想講，可以說：課本應該放在桌上。）

乙老師：把課本撿起來！

甲老師：門怎麼開著（下一句如果想講，可以說：門應該關著。）

乙老師：去關門！

乙老師命令學生做事；甲老師避免發號施令，只描述當時的狀況。至於該做何事，學生自然會順應狀況自己作主，成人不要強制指使。如果出於自我推斷，自己決定怎麼做，就能減少反抗與敵意，還會引來合作。

獲得合作的另一個有效辦法是，提供事實上辦不到的想像空間。

當老師正在桌前忙著例行公事時，一群學生圍著老師猛發問，直到老師心煩。老師通常會說：「別煩我。你們沒有看到我正在忙嗎？」這次她卻轉向他們，對每個學生說：「我『希望』我現在有空聽你們講下去。」她的個別叮嚀和「我希望」這句話似乎止住學生的發問。他們於是安靜地回座，而不是抱怨地走開。

有位四年級老師對班上讀一則故事，名叫「五個中國兄弟」。每個學生聽完後要憑自己的想像畫出故事內容。學生畫完後，拿著他們的畫跑到桌前競相叫嚷，企圖吸引老師的注意。老師首先想衝口而出：「坐下！我可沒有兩百隻眼睛可以同時使用。你們不准離開座位，也不要在那邊叫個不停。」但是，老師改口說：「我希望我能夠同時看完你們的畫，可是我辦不到，你們不如在我走過去，為你們一一提出建議以前，彼此先幫個忙，跟鄰座的同學討論自己的想法。」學生於是安靜下來。只略為傳來幾聲興奮的耳語，團體工作就此圓滿達成！

老師巧妙地贏得學生的合作。她避免發號施令，只象徵性地答應學生事實上辦不到的事情。

有的老師在對學生提出要求時，因意思表達不清或要求次數過多，而引起學生反抗及表現出不良的行為。這裡有個例子是柯霖在教室中錄製的。

老師正想把拼字課換成算術課。她這麼說：

1. 好了，每位同學，我要你們合上拼字課本。
2. 收掉你們的紅筆。
3. 現在立刻合上拼字課本。
4. 把拼字課本收進抽屜裡。
5. 拿開拼字課本。

6.把算術課本拿出來，擺在桌子前面。
7.那就對了！除了算術課本，別的東西都不要放在桌上。
8.大家坐直！沒有人喜歡看起來懶洋洋的，對不對？
9.很好，現在拿出你們的鉛筆。
10.請翻到第十六頁。

這十項要求是多餘且無用的。它會產生怨氣並拖延學習速度。其實，簡明地說一聲：「我們現在要上算術課，請翻開第十六頁。」就可以給學生更多的自治，還會獲得更多的合作。

有位老師說：「我為了避免學生的防衛性反應，在講話時刻意避開壓迫性的措辭，例如，『你應該要……』、『你最好要……』。我不想用罪惡或恐懼贏得學生的合作，更不想拿道德倫理教條要求學生就範。」

另一個老師說：「我放棄跟學生爭辯，因為辯論只會帶來反辯，結果我得花時間去平息紛爭，徒然延緩合作的時間。改變上課氣氛比設法改變學生的想法，更容易得到學生的合作。」

接納與認清

老師只知道學生需要老師的了解和接納，卻不知道在困難的教學情境下，如何傳達對學生的了解和接納。師生之間相互接納與了解是一項複雜的藝術，需要一種特殊的語言。這裡有一些指導原則：跟學生交談時，批評與非批評性的言詞，兩者之間有重大的差別。同樣向學生提出要求，非批評性的語言獲得合作，批評性的卻招來反彈。例如：

有個學生打斷老師的話。

甲老師：我得把話講完。

乙老師：你在打岔，沒有禮貌。

老師指定作業時，兩個男生卻在交談。

甲老師：我正在指定作業，你們應該記下來。

乙老師：除了說話，你們難道沒有別的事可做嗎？你們為什麼不把作業記下來？

星期一早上，教室裡亂七八糟，學生到處走動，高聲交談。

甲老師：我要開始上課了。

乙老師：別吵了！坐下，你們全部坐下。週末已經過了。這裡可不是酒館舞廳。

有個男生既不舉手，也不等待老師同意，就擅自答覆老師的問題。

甲老師：我想聽一聽多數同學的答案。

乙老師：誰准許你說話？全班又不是只有你一個人。不要壟斷大家的討論。你的行為既無禮又欠公平。

在上面的例子裡，甲老師的言詞不涉及情緒並且減少衝突。乙老師的話語則引發怨氣以及加強緊張。甲老師避開批評而說出自己的感受和期待。他用「我」這個字來開頭。如果要回答學生的問題、抱怨、或請求，則「你」這個字是最好的開頭語。

有效的「你」訊息具備下列特質：

＊正確地表明知道學生所講的話或心聲。
＊沒有否定學生的知覺。
＊沒有反駁學生的情緒。
＊沒有毀掉學生的願望。
＊沒有嘲笑學生的判斷力。
＊沒有看輕學生的意見。
＊沒有損傷學生的品性。
＊沒有貶低學生的人格。
＊沒有質疑學生的經驗。

六歲的阿龍告訴他的老師，他看到一個人長得比紐約的帝國大廈還要高。老師不反駁阿龍的感覺，也不急著指正他說：「沒有人長得那麼高。」也沒有對阿龍說：「別說謊，不要再提這個巨人的故事。」她改用憐惜和幽默的心情去了解阿龍的感覺。她問：「你看到高個子的人？一個身體很大的人？巨人？極大？大得可怕？好龐大？巨無霸型？」阿龍一一回答：「是的。」老師總結道：「你看到一個大、高、龐大，極大、大得可怕和巨無霸型的人。」她的作法不僅對人與人之間的關係有益處，而且能增進孩子的字彙。

十二歲的瑞儀向她的級任導師抱怨家庭作業太多，學校的指定功課也做不完。老師謹慎地避免跟瑞儀的說詞起爭執。她不說：「別無理取鬧。我在你這個年紀時，家庭作業比你多出十倍。至於學校的指定功課，你只能怪自己，如果你在學校裡做完，就根本不用帶回家做，因此你不要在這裡抱怨，最好現在就開始做，否則成績會不及格。」

老師如果真的同情與了解瑞儀的抱怨，她會說：「你似乎對家庭作業感到困擾。在一天當中要做完全部似乎多了些，尤其是你還有另外的功課要做。嗯……」這時瑞儀覺得有人了解她，心情舒暢了些，就會說：「我最好趕快回家。我有一大堆的作業要做。」

體育課時，有個男生拒絕跳進游泳池。「水太冷了，」他哭叫，「而且我的身體不大舒服。」老師回應說；「水溫還不錯。你覺得冷是因為你的身體是濕的。游泳池裡的水經過加溫，所以不會冷。你的腳是冰的，才使你覺得冷。你看你害怕得像隻兔子，哭起來像個娃娃。你這個人怎麼聲音這麼大聲，個性卻這麼懦弱！」

老師傳出的訊息不但否定這個孩子的感覺，還反駁經驗、爭論情緒、損傷個性，並且貶低人格。老師如果使用有效的「你」訊息去了解這個男生的感受，就不至於反駁他的經驗：

「你覺得身體不舒服，也覺得游泳池裡的水似乎冷了些，所以才希望今天不要游泳，是嗎？」

這樣的回應容易打消反抗，使孩子覺得被接納和尊重，使他感到自己講的話得到真心關懷，而且確信自己沒有被責備。

過一陣子，老師可以問：「你有什麼打算？」老師藉此讓學生自己想出解決的辦法，而不要提出一套事先想好的對策。如果老師顧慮到學生的感受，學生通常會產生勇氣去克服現實。

貼標籤就是殘害

十四歲的建宏上課遲到。老師問他說：「這回你有什麼藉口？」他向老師解釋原因。老師說：「你的話我半點也不相信。我曉得你為什麼遲到，你太懶，早上無法準時起床才遲到。我還記得你哥哥，他跟你半斤八兩，都是天生的懶骨頭。你如果再不知振作，就等著瞧吧！」

這位老師在一分鐘之內觸犯許多條有效的教育法則。他在公眾面前當場給人難堪和侮辱。他攻擊建宏和他的家人，給人恫嚇式的警告和毀滅性的預言。

正確的建議是：處置學生時要避免評斷和預測。不要探究學生個人或家庭的過往經歷。評斷學生是危險之舉。貼標籤形同殘害。評斷的結果可能形成真的毛病。兒童通常照著老師的消極性預言成長，變成老師所說的那種人。

老師可以對一個遲到的學生表達自己的期待與感受：「我不喜歡在上課當中，被人打擾而停下來重新開始，中途打岔使人心煩。」

教育上不容許使用一大堆常見的評語和預言，例如：

「你真是個愛哭鬼、狡猾的傢伙、做白日夢的人……」

「你很不負責任、不可靠、無可救藥……」

「你只是想引人注意，存心找麻煩，在搖尾乞憐……」

「喂，小丑、笨蛋、天才……」

「你們這一群全是虐待狂、傻瓜、白癡……」

「你將來只配住在垃圾堆、監獄、囚房……」

「你是學校裡的害群之馬、家庭的敗家子、國家的朽木……」

老師一旦融會貫通「不貼標籤」的原則，就會更加稱職，即使在艱難困苦的時刻。

十歲的小傑粗心大意地撞倒直立式黑板，他嚇得愣住。老師通常會說：「你怎麼搞的，老是笨手笨腳，這麼粗心？你還在那裡站著不動，活像個白癡。快把黑板扶起來，站在那邊等什麼？」

這次，老師有不同的回應。他遵照內心的呼喚：「就事論事。不要對人貼標籤。」所以就說：「這種直立式黑板真麻煩，一碰就倒。你要不要我幫忙？」老師這種出乎意料之外的反應使小傑鎮定下來。他扶起黑板，撿起粉筆，還清理碎片。他的眼神愉快地流露出對老師的感激。

聰明的老師和學生說話，就像他和訪客說話一樣。如果他的客人史太太，忘記帶走雨傘，他不會衝出去叫喊：「喂！糊塗蛋，你每次到我家來，總是丟三忘四，忘記帶走你的東西。我想，你的頭要不是長在肩膀上，也許早就被你忘了。我希望，哪天你記得住自己的東西時，我還活著。我可不是你的傭人，老是要在你的背後替你看管東西。」

他的話可能改為：「史太太，你的雨傘在這裡。」可是，同樣這個老師看到學生忘記帶課本、午餐或眼鏡時，就幾乎忍不住要破口大罵。

另一個例子：

假設老師家裡有個客人傅先生，他穿著鞋子在客廳的沙發椅上伸懶腰。老師不說：

「你瘋了嗎?竟敢把臭腳往我家乾淨的沙發椅上放!你糟蹋了我家的每件東西。現在請你馬上放下臭腳。如果你讓我再看到一次,就只是一次,我絕對不饒你。現在幫個忙,記住我的話吧!」

這位老師會怎麼向客人說話呢?他或許會說:「傅先生,我擔心沙發椅會髒掉。」主人刻意不提解決的辦法,是因為他相信,客人一旦注意到他的想法,會知道自己應該怎麼辦。

兒童通常會長成父母所期待和老師所形容的那種人。所以,告訴孩子他將來會變成什麼樣子的人是有害的,因為一語成讖,命運或許就這樣被說中。

老師的擅自預測會在兒童的生命裡刻出心理上的裂痕。如同河堤有縫,終將氾濫成災。老師極有可能在兒童的心田裡播下疑惑的種子,影響到他的命運,例如,十六歲的爾年對老師說,他打算做個考古學家。老師非常不屑地回答:「你配做考古學家嗎?你連珠寶盒裡的袖扣都找不到,怎麼挖掘古物。你一定無法在山丘裡找出半點碎片。別作夢了吧!」

每一代的兒童,特別是少數民族的兒童都遭到破壞性言論的洗腦,自認智力不足。許多學生踏出校門以後,就相信他們這輩子領不到獎學金、獎狀,甚至幸福。這真是悲劇!

把微不足道的夢想和想像的缺陷硬加在孩子的身上，實在不是大人應該做的事。

糾正即指導

有效的糾正就是指導。糾正時要指出必要的步驟，不要評斷成果或個人。

十五歲的堯治寫了一篇關於代溝的散文。他的老師不同意他的看法就用紅筆批道：「矯揉造作、風格索然無味，而且嘮叨不休。」堯治看得既難過又氣餒，那苛刻的評語遏止了他的寫作動機。他恨起自己，也恨老師。

有個高中的英文老師批評學生的短文如下：「文詞拖泥、零亂，宛如罹患痢疾。」有位老師常寫些字條，這回他在一個青少年所寫的詩上寫著：「你文不對題，洋洋灑灑地寫一大堆，盡是些不痛不癢的傷感。」這位老師也在另一個學生的作文上批道：「你精通蹩腳的寫作藝術，連造字始祖看到你都得讓賢。」

學生需要的是指導，不是苛責。有愛心的老師不會批評一篇散文「矯揉造作、嘮叨不休」。他反而會教學生如何真切而簡明地寫作。例如：

有位老師以示範如何化長為短的省略法，鼓勵簡短寫作。老師寫：「避免介詞子句，如，『下個要討論的重點是……』、『這點要記住……』、『顯然要注意的是……』。寫作要從你的立場直接開始鋪陳。讀者自然會知道下個重點是什麼，然後自己決定是否重要與值得記住。」

另一位老師勸學生：「直接寫出重點，陳述故事與感受。避開序言，如『我要講個故事，關於……』或『我想和大家分享我的見解……』等。」

老師的盤問

溝通和健康一樣都要依賴預防的行為。開明的老師知道不能散播讓兒童感到愚蠢、罪惡、激怒和怨恨的訊息。他會故意不提可能激起仇恨和反抗的問題或評語。

對兒童而言，老師的盤問不是抽象的東西。這些問題對他的生命有具體的影響。兒童遭到敵意的盤問時，就像把他的生命掛在刑架上，任人拷打追問。

下面的十三個「為什麼」具有破壞性，是一個五年級老師在一天當中所提到的問題：

1. 為什麼你不改過自新？
2. 為什麼你這麼自私？
3. 為什麼你一定要跟每個人鬥？
4. 為什麼你不能跟其他學生一樣？

5.為什麼你一定要打擾別人？
6.為什麼你不能閉一下嘴？
7.為什麼你這麼遲鈍？
8.為什麼你老是慌張？
9.為什麼你一定要當害人精？
10.為什麼你如此邋遢？
11.為什麼你如此多嘴？
12.為什麼你忘記我說的每一句話？
13.為什麼你這麼笨？

很久以前，「為什麼」這句話是盤問時所用的專業術語。不過，那種用法早已失傳。而今由於誤用而導致「為什麼」形同非難。對兒童來說，「為什麼」代表反對、失望和不悅。這句話顯出往日責難的陰影。即使單純的一句「你為什麼那樣做？」都會讓人回想到「難道你這一生還幹過比這還笨的蠢事嗎？」

聰明的老師避免有害而無益的盤問。

有個學生說：「我還沒有準備好參加考試。」老師抑制盤問原因的衝動，因為他明白盤問只會引來藉口、半真不實的話和防衛自己的謊言。因此，老師說：「問題來了！你想我們該如何解決？你的意見怎樣？」

這種不劇烈的反應卻有長遠的影響力。這種方式傳達了尊重，維護自治權，而且提供機會讓學生自我負責。

學生的語言

學生的問題或語言似乎經常與討論的主題無關。例如，課堂上正在教火車，有個小女孩卻說：「我的祖母病得很重。」甲老師回答：「那麼，你搭火車去看你的祖母？」乙老師則回答：「你的祖母身上有沒有長輪子？她是不是火車？為什麼你把祖母的事扯進來討論？你怎麼老是說些蠢話。」

全班正在學習保護色。有個學生開口說：「我的狗會咬碰到她小狗的人。」甲老師會接下去說：「你認為保護色和母狗保護小狗，兩者之間有關係嗎？」乙老師則說：「你講的跟上課的主題有什麼關聯呢？你為什麼不專心聽講？」

健康課上到一半，有個小男孩問：「人死後會怎麼樣？」甲老師回答：「你提出了一個重要的問題，人類幾千年來一直在思考這個問題。」乙老師回答：「我不知道。他們沒有跟我說過。」

在上述例子裡，一個老師對學生表示尊重，以人的立場對待學生，並且給學生發言的權利，即使所說的話與上課的主題無關；另一個老師則在攻擊與辱罵。一個在施教；一個在施威。

不要諷刺

人們說有教養的人從不無故誹謗，老師有時則會。他們會無意中傷害學生。尖酸刻薄的老師尤其損害身心健康。他們的刻薄言詞會貶低自尊和妨礙學習。受到傷害的學生會產生復仇的幻想與成見。

下面的話是老師們在無意中說出來的，他們當時毫未察覺言中有錯。

「你又信賴自己的判斷了。相信我，這樣做不好。」

「你想你腦筋清醒了嗎?你已經迷糊了一陣子了。」

「我從沒想到有這麼多『天才』共聚一堂。」

「你不到處亂摸不行嗎?你是不是得了痙攣症?」

「你的智力不配進這一班。你為什麼不轉學，去一間和你的低能相稱的學校?」

「你不需要心理醫生。你需要的是吸塵器，因為你的腦袋裝滿垃圾。」

學生問：「昨晚我的頭很痛，所以沒有準備考試。今天我能不考，改天才考嗎？」

老師回答：「可以。不過，你要在考卷的上方註明『精神問題』，然後在下面畫個很大的零。」

師生溝通不容許使用有害的語言。專業教師應該規避可能損傷自尊的言詞。老師的工作是治療、不是傷害。生性刻薄加上伶牙俐齒的老師有艱鉅的責任：他必須學會新的溝通方式或另謀高職，以保護幼童遠離他的致命天才！

不急於救助

現代的老師教導兒童重視情感，幫助學生認識與尊重內心的感受。最重要的是，老師謹言慎行，不要擾亂孩子的感覺。老師不要告訴生氣中的兒童：「沒什麼好生氣的。」或對害怕中的孩子說：「沒有什麼好怕的。」老師不能要難過的兒童露出笑容，或者要羞怯的孩子不害羞。他不會要求全班：「生氣時，要假裝高興。」

當兒童聽到「沒什麼好怕的」，他會更加害怕，而且恐懼的程度加劇三倍。因為除了原先的恐懼外，現在多出怕人知道他害怕以及擔心藏不住恐懼的情緒。恐懼不會因為你的驅逐就消失，也不會因不承認它存在就從此不見。因此，當兒童害怕時，最好的處理辦法是坦白而尊重地承認他的恐懼。

當十歲的何珀告訴老師，她怕考試。老師回答：「考試是可怕，尤其是期末考。」他故意避開立即的安慰，像「考試沒有那麼可怕，如果你準備充分就沒什麼可怕。」那樣的說詞會造成何珀痛苦。因為她的內心反應是：「假如我考不好，老師會認為我沒有準備。」

有個學生找老師幫他解答問題。這位老師希望幫上忙。事實上，老師已經胸有成竹，只是不急於提供答案給他。因為他知道兒童難以接受快速的拯救。他們認為那是威脅他們的智力，反而讓他們覺得自己愚蠢。「答案這麼簡單，我一定很笨，不然怎麼會認為那是個難題，當初我怎麼沒想到，這豈不是證明我很笨。」

迅速給與安慰也同樣幫不了兒童。例如說：

「這不是個大問題。」

「你不會有什麼大不了的問題。」

「每個人都會有這種問題。」

「這是典型的青少年問題。」

「這個問題很容易解決。」

「不必擔心。」

老師處理問題時應該聆聽、重複、澄清、讓兒童自己想解決的辦法，然後才問：「你想到什麼辦法？」或「在這情況下，你決定怎麼辦？」學生通常會自己想出對策，由此學會信賴自己的判斷。老師若是急於幫忙，兒童將喪失獲得解決問題的能力和對自己產生信心的機會。

簡明扼要

有則故事說一個劇作家去找精神病醫師求救。他抱怨：「我自言自語。」醫生不以為然地說：「許多人會自言自語。」「不過，」那個人抗議說：「你不知道我有多無聊。」老師和劇作家一樣有責任引人入勝或至少必須簡明扼要。當觀眾興趣減弱時，戲也該終止；學生會對喋喋不休的老師關起心門。「你講話像老師」不是一句恭維的好話。為什麼？因為老師的形象是對一個主題做過分的陳述，讓多數聽者反應道：「可以了。已經講夠了。」下面三件事是柯霖在上課時用錄影帶拍攝的。

宗翰鉛筆掉了，老師說：

1.你找到鉛筆了嗎？……

2.我要知道你上次拿鉛筆做了什麼……

3.你吃下鉛筆？……

4.發生了什麼事？

5.鉛筆是什麼顏色的？

6.你沒有那枝筆就不能做功課嗎？

然後老師才開始找筆，說道：

7.這枝筆給你。

8.看好這枝筆。你要負責明天早上這枝筆還在這裡。

9.而且不要跟我說又丟了。

10.當它是一枝新的筆。你看，它已經削尖了。

以上十句話完全多餘。老師可以大方地給宗翰一枝鉛筆，不需要開口說教和盤查，也不必浪費時間打擾全班上課。

每一位老師都需要學會用經濟的辦法處理小差錯。課本遺失、鉛筆斷裂、紙張丟掉或作業忘記都不應該花上大把的時間和心血。老師遇到任何狀況都要保持解決問題的意願。他著手解決眼前的問題而不細究將來的責任和過去的哲理。下面的例子說明為小事鑽牛角尖。

1. 理查，不要講話……
2. 你們當中有些人聽話，有些人就不聽話。
3. 美麗是聽話的，她在做功課。
4. 俊傑也是聽話的。
5. 小傑不聽話。
6. 現在你們都知道這裡不是運動場。
7. 這裡是教室，你們要在這裡唸書。
8. 好國民不會打擾別人唸書，是不是？
9. 因此，讓我們一起合作，做個好國民，不要干擾別人學習。
10. 聲音太大不容易聽講和學習。

這位老師可以全然省掉前九句話。最後那句話其實已經足以吸引學生的注意力。老師開始上課，教學生認識時間……馬美麗輕聲嘆氣。老師轉向馬美麗，對她說：

1.馬美麗，你來學校是不是來念書的？……
2.馬美麗，念書有這麼痛苦嗎？
3.不，我不同意。
4.你的父母希望你學會看時間……
5.而且，馬美麗，你一旦學會看時間，會覺得很愉快。
6.如果你不想學，也用不著嘆那些氣。
7.更何況，你媽媽知道你會看時間，她會買錶給你。

以上七句話沒一句有用，全都可省略。那些話徒然浪費時間，還耽誤了學習。嘮叨不會激發兒童去學習如何看時間的意願，反而只會讓他祈望早點下課。老師可以用同情的言詞：「馬美麗，我來幫你。」取代對她的嘆息鑽牛角尖。長篇高論是沒有必要的。有個故事說一個小女孩被問道：「開學第一天，上學好不好玩？」她回答：「都好，只是教室裡有個小姐一直不斷地囉嗦，這事例外。」大孩子也曾有同感。

還有個高中女生說：「我們的老師在遠足時真殺風景。他嘮叨不停地解釋山的正確高度和山谷的精確深度。他熱中於地質的沈積，疲勞轟炸地解說每塊岩石如何形成。他用博大精深的學問破壞所有詩情畫意的風景。」

許多老師相信權威的力量。可是知識性的解說無法涵蓋所有的教育。像貝氏（Saul Bellow）所說：「知識分子已經成為解釋的工具。父對子、夫對妻……內行對外行……醫生對病人，人對自己的靈魂解釋……結果多數一隻耳朵進，另一隻耳朵出。」

許多現代人依照弗洛伊德理論裡的各種謬論養育子女，而且拿「解釋」跟母奶一起餵嬰兒。結果早從嬰兒期開始，兒童就過度暴露於分析。他們的人格被侵犯，動機遭到質疑，行為也被解釋。這樣的兒童會對嘮叨的老師過敏。

兒童該如何達到學校的複雜要求?用推理的規則是行不通的。因為對兒童而言，心情不好就根本學不進去。老師如果忽略情緒而採取冗長的邏輯解釋，學習就寸步難行，甚至終止。

有個校長勸告一位多話的老師：「講話要像新聞記者撰稿一樣，有標題、重點和明確的細節，務求簡明扼要，不要嘮嘮叨叨。每回盡量從結尾開始。」

對學生的影響

老師通常不知道他們的話對兒童一生有什麼影響。開明的溝通辦法是否有效？學生會區分良性與惡性訊息兩者之間的差別嗎？他們對兩者有不同的反應嗎？下面是一個六年級學生的感言，他說出這些問題的答案。

同樣的學生在甲老師的班上，被認為是聽話的好學生。到了乙老師的班上，情勢完全不同。所以學生的行為好壞完全依老師而定。例如賀博請了一個禮拜的假，回校時，甲老師對他說：「賀博，歡迎你回來。我們都想念你。」賀博心情愉快，表現也佳。換乙老師發言，他卻說：「難怪上個禮拜全班那麼安靜，原來是賀博缺席。」賀博接下來一直吵鬧不休。

「老師有許多行為讓我百思不解。我討厭他們的言詞裡有『應該』和『能夠』這兩個字眼。譬如，江老師說：『現在已經到了週末，你的舉止應該規矩點。』當我的行為沒有那麼標準，他會說：『你能夠表現得好些，如果你有心做好。』我也討厭他把我拿去跟別人比較。他說：『我教了個一年級小男生，他都比你聽話。』可是，我就是我。我可不是別人！」

「最讓我生氣的是老師在班上對某些同學所說的話。她不停地說：『凱立，我投降。你從來就不會改變。』如果老師繼續說凱立從來不會更改，那麼凱立怎麼可能改？老師有一次說：『湯牧，你叫我吃驚。我以為那樣子的行為只有凱立才有，你不至於如此。你懂我的意思嗎？』她這句話可是一箭雙鵰。」

「我從來不問丁老師問題，因為我知道她會回答：『這個問題很笨！』有一次我問她：『問題怎麼可能笨。問題只不過需要答案而已。』她不屑地看我一眼，然後回答：『這句話真蠢。』你就是贏不了她。」

十二歲的小秋告訴媽媽，老師讓她既生氣又瞧不起。

媽媽：你不可以完全否定老師，她至少有過一些不錯的表現。

小秋：舉個例子給我看看。

媽媽：哥倫布節的戲劇是她導演的。我親眼看過。滿好的。

小秋（假裝老師皺起眉頭，伸著手指頭高叫）：你！大衛！明天你還記不住台詞，你就別演了，我找別人來演你的角色。我可不要聽任何的藉口！不管你怎麼說，我都沒興趣聽。你明天如果還記不了台詞，你就滾！（小秋恢復原來的聲音）哦，是啊！她是導了一齣很好的戲。

「老師可真有趣。我們難以想像他們也是人。有時候放學後遇見他們，他們跟我們私下交談時讓人吃驚，因為他們的談吐像平常的人。但是他們在課堂上走動像個機器人，正等著在你犯規時逮住你，然後對你吼叫。不過李老師例外……，她即使在學校，也像正常人。」

適當的溝通

適當的溝通可以改善教育。它不但可以用在日常教學裡，還能深入學生的心。可是我們的學校至今尚未使用，所以無法在學生的身上發揮功效，豐富和美化學生的人格與人生。

老師不像飛行員、建築師，或外科醫生那樣在職務上接受過嚴格訓練。但是，人們期望他們步上講台時能夠善於處理複雜的人際關係。老師在日常作息裡應該注意到：

激發學習
鼓勵自治
支持自尊

衍生自信
消除焦慮
去除恐懼
減少挫折
平息忿怒
化解衝突

老師和家長一樣需要高水準的溝通能力。開明的老師對語意敏感。他們知道學生學得的東西是依老師的方式、方法而定。他會察言觀色，並且言詞適當地表示了解。他可以敏銳地察覺到足以造成學生變壞的溝通方式。他避開責備羞辱，而且反對侮辱威脅。他的語言裡沒有破壞的言詞及矯飾的暴力。

適當的溝通是一種成就。它需要學習、預習和自律。它不是單純地「順應自然」。它像所有的技能一樣需要練習，也像藝術一樣經過選擇。它能安撫人心，但是不會自認關係良好就口不擇言，就像身體健朗就放肆飲食，卻仍以為會安然無恙，連吃毒品都一樣不會有問題。

請注意：老師不能造作而有成。沒有什麼比造作更有害，因為虛情假意終會為人識破；缺乏真情的技倆容易被看穿。師生關係除了表裡一致外，沒有其他方法可行。

第五章　讚美的缺點

評價或讚賞？

讚美有破壞性。
讚美有建設性。
對或錯？

這兩句話都對。評價式的讚美有破壞性；讚賞式的讚美有建設性。在做心理治療時，我們不會告訴兒童「你是個好男孩」、「你做得很好」、「保持良好的表現」。這種評價式的讚美應該避免。為什麼呢？因為這種話不但沒有好處，還會引起焦慮、養成依賴和喚起防衛。而且這種話並不能培養自立、自導和自制。事實上，這三種特質必須在不受外來的評斷之下養成，需要依靠內在的動力和判斷。一個人如果想做真正的自己就必須不受制於評價式的讚美。

假如讚美無益，人們為何依然使用？這個問題彷彿在問：毒品有害，人們為何吸毒？這兩個問題的答案是相同的：讚美和毒品一樣可以讓兒童獲得短暫的舒暢，可是卻會造成依賴性。別人成為他尋求贊許的來源。他依賴別人平息自己的渴望和建立價值觀。別人不得不時刻讚美他。

讚美的過程

讚美包含兩部分：我們對小孩說話，以及小孩接著給自己交待。我們應該對小孩講明我們欣賞他的努力、幫助、工作和成果，小孩接著對自己下結論。當我們真實而感激地讚揚他的行為和情感時，孩子的自我結論是積極與建設性的。

十二歲的馬西雅幫老師重新整理班上的書籍。老師不用個人式的讚美（「你做得很好、很勤勞、很會整理書籍。」）而只描述馬西雅的工作成果：「我們的書籍現在井然有序了，同學們可以輕易地找到他們想看的書。這件工作要完成可不容易，而你卻做到了。謝謝你。」老師的讚詞引導馬西雅自忖：老師喜歡我所做的事，我是個好幫手。

十歲的費麗思寫了一首詩，描述時序初雪的感觸。老師說：「你的詩正合我的感受，我很高興看到自己對冬天的感覺變成如此詩情畫意。」小詩人的臉龐綻開笑容。她轉向朋友說：「老師真的喜歡我的詩，她認為我很棒。」

七歲的魯賓一直想把字寫整齊，偏偏難以做到。最後，他總算用工整的字體寫完整齊的一頁。老師在紙上批示：「字體工整，這一頁閱讀起來很愉快。」作業發回時，學生爭閱評語。老師忽然聽到學生嘖嘖稱奇地說：「魯賓在吻他的作業哩！」魯賓驕傲地說：「我的字寫得很好。」

艾茉莉（十一歲）：你覺得我的吉他彈得如何？

老師：你剛才彈的那首曲子很生動。聽起來讓人覺得你真的陶醉了。

艾茉莉：當然囉！那是我最喜歡的曲子之一。

老師：我看得出哪首是你喜歡的曲子。我也可以從聲音辨別。因為聲音中有些特別的音弦盪漾著。

艾茉莉：你認為那就是我的音感嗎？

老師：可能是的。

從那次談話後，艾茉莉更加欣賞自己的彈奏，她興高采烈地反覆彈著心愛的曲子。在這個例子裡，老師故意不用個人式的讚美（「你是個偉大的吉他手。」）取而代之的是，讓艾茱莉信任自己的感覺，艾茱莉接著自己作結論，認為她可以信賴自己的音感。

評價的內涵

肯定的評價可能帶著否定的內涵。評斷式的讚美可能引起焦慮、拉長人際距離、緊縮溝通管道，甚至終止人際關係。

殷竹雅丟了五塊錢，十二歲的理查找到後交給老師。老師說：「你是個非常誠實的男孩，我以你為榮。」理查臉紅了。老師的讚美引起他難過，因為理查有過小偷前科。當老師稱讚他誠實時，他陷入焦慮。他想：「老師如果知道我以前……。」

理查就此退縮到自己的天地，怕跟老師打交道。他告訴自己：「我不能讓老師知道我的底細，否則他不會以我為榮，反而會以我為恥。」

理查的老師當初如果使用感激性的讚美，就可能收到有益的功效。他應該說：「理查，多謝你找到錢。你讓殷竹雅安心了。」這樣講，理查才可能高興。

結論：讚美時，要稱讚特定的行為表現，不要評論品性。

形容詞與個人

有位年輕老師想鼓勵學生作抽象性思考，她指著蘋果問愛麗：「它屬於哪一類？」愛麗答不出來，羞得臉紅。老師轉問凱蘿，凱蘿馬上回答：「蘋果屬於水果類。」老師稱讚說：「好女孩，你是個好女孩。」

老師繼續上課，沒有察覺自己造成了傷害。因為，假如凱蘿答對被稱「好」，那麼愛麗不會回答豈不是該被稱「壞」？

在民主社會裡，人們不會因為知道一件事就成為好人，也不會因為不懂而變成壞人。有人學識淵博卻是個惡棍，有知識不見得就是好人，缺乏知識也就不見得是壞人。

老師本來可以把正確答案直接告訴愛麗，或者就肯定凱蘿的答案正確（「蘋果確實屬於水果類。」）根本用不著批評個人。

結論：讚美時，要避免在兒童的品性上附加形容詞。

讚美與不良行爲

俊恩生日那天，十個五歲的男孩和女孩一起吃點心、玩遊戲和唱生日快樂歌，每個人都很乖。幼稚園老師很滿意學生們的表現，認為他們值得表揚，所以她說：「哎呀！今天每個人都很棒。你們真像天使下凡。」

不稍片刻，戰火爆發。糖果成了子彈，餅乾變成水雷，蛋糕飛得像導航飛彈。整個派對宛如遭受轟炸。老師嚇住了，最令她吃驚的是她剛才還由衷地讚美學生。她苦惱地問：「難道讚美對兒童起不了半點作用？」

當兒童覺得自己並不值得讚美時，他會用出軌的行為向成人攤牌。參加俊恩生日派對的兒童不同意自己是個天使，當他們覺得被冠上錯誤的形象時，他們不得不修正。他們迅速地打破老師的幻想。

結論：不需要對行為作評價式的讚美。它可能意味著：因為我們預期的是壞行為，所以才會對「好」行為感到驚訝。兒童通常會隨著我們隱藏的期待而舉手投足。

反之，另一位老師在類似的場合說：「很高興在我們的班上開派對，謝謝大家把派對舉辦得這麼有趣。」孩子們微笑著。這位老師不對兒童作評斷式的讚美，只是表達自己的愉快和感激之情。孩子們會自下結論，認為他們受到歡迎與重視。

讚美與地位

讚美是自抬身價。讚美者以評審員自居，登上評審寶座，聲稱自己有特殊的能力。有位年輕老師向一位資深同事表達自己的想法，卻被潑一盆冷水：「小姐，你的想法不錯嘛！」這句話顯然在說：「你算老幾？」評價式的讚美把人置於「較低的地位」。因此，小孩子讚美老師被視為不敬（「老師，你表現得很好、你是第一流的。我以你為榮，繼續好好幹吧！」）

假如我們遇見畢卡索，我們不會對他說：「您是偉大的畫家，您畫得真好。」我們也不會對鋼琴大師柏恩斯坦說：「柏先生，您是偉大的音樂家，是佼佼者之一。」因為我們可以察覺這樣的評價式讚美不但傲慢而且粗俗。我們不敢以評審員自居，我們也許會說：「畢卡索先生，感謝您。您的大作使我生命豐富。」「柏恩斯坦先生，謝謝您的演奏。您那曲『西城故事』帶給我許多快樂，而那首『耶利米交響曲』十分扣人心弦。」學生也值得這樣的禮遇，他們也需要感激性的讚美，而不是比較式或貶抑式的讚美。

讚美與誘導

評價式的讚美經常讓人覺得像恐嚇，它帶來的是不安而非歡樂、惶恐而非愉悅。在評價式讚美的壓力下，兒童通常侷促不安，變得有防衛心與不可捉摸。他們覺得這種讚美的用意在改變他們。他們討厭這種企圖，也拒絕被人操縱。

十三歲的羅莉美妙地彈了一首印象派的曲子，老師十分欣賞她那流暢的表演。

老師：哇……聽起來真愉快。

羅莉：我很高興你沒有說我彈得「棒」。我每彈一曲，媽媽總是一直稱讚說好美、好美、好美。樂聲充滿了感情，我卻覺得遭到當頭一棒。

老師：你不喜歡每次都被批評，是嗎？

羅莉：是的，我不喜歡聽到別人說我彈得多優美。我彈鋼琴主要是為自己，不是在表演，因此不喜歡一直被批評。

十二歲的阿班對靶擲鏢，正好擲中紅心。體育老師說：「很棒！你有敏銳的眼力，你是個神射手。」阿班默然離開操場。老師吃了一驚，他原本想鼓勵阿班，沒想到讚美顯然令他頹喪，老師百思不解。

阿班被稱讚後自忖：「老師以後都會期望我射中紅心。我又不是神射手，上回得分只是僥倖。假如再試一次，我可能連靶都擊不中，更別提射中紅心。我最好趁勝離開。」

什麼樣的讚美才會誘導阿班繼續努力？答案是：捨棄評價式的讚美而改用描述性的讚美。老師可以說：「你的飛鏢正中紅心。」阿班內心會想：「老師沒有期望我每次都擲中紅心。我大可安心再試。」假如阿班下次沒有射中紅心，老師可以批評他擲得太右、太左、太上或太下。這種針對實況提出的客觀批評可能引起阿班學習改進。不過，最重要的是，讓阿班知道，老師對他個人的態度並不依投得好或壞而定。反之，假如老師的評語是評價式的（「你很好、你很棒、你是個專家。」）那麼當學生沒射中時，就可能對自己說：「我不好、我差勁、我是個失敗者。」

結論：惟有不評斷品性的讚美才能使兒童無懼地改過，而且無焦慮地回復正常表現。

六歲的阿當把他的畫給老師看，他說：「這張畫看起來像不像在塗鴉？」老師看完阿當的畫後同情地說：「結果你沒畫出原來想畫的樣子，你感到失望，對嗎？」阿當一聲不響地回座再畫一張。然後再問老師：「你喜歡這張畫嗎？」老師回答：「我看到你運用許多色彩，有紅色、黑色、綠色和黃色。」阿當表明道：「還有橘紅色呢！」老師說：「對，還有橘紅色。這張畫色彩豐富，我很喜歡。」阿當得意地微笑。他自信地說：「我喜歡色彩，五顏六色使我心情愉快。」他回座，安靜地再畫一張。

這位老師因為避開評價式的讚美而成功地誘導阿當。在阿當第一次拿畫給她看時，她沒說：「這張畫像在塗鴉。」她卻說出阿當的失望心情。在阿當第二次給她看畫時，她沒說：「哦！好美！你畫得真棒！」她卻描述自己的觀感，並且指出阿當使用的顏色。阿當得到鼓勵就心情愉快，所以有了再接再厲的動機。

結論：建設性的讚美是，肯定兒童的感受和說出他的表現。

九歲的歐爾嘉給老師看一張藍色的畫，畫裡沒有形體。老師知道如何給與建設性的回應，她看著畫說：「這一整張都是藍色。」歐爾嘉回答：「是的。」老師再看一下，然後說：「我看到這個地方是淺藍色，而這個地方是深藍色。」歐爾嘉欣喜地說：「對了！這邊是天，這裡是海。」老師用十分賞識的語氣回答：「哦！我懂了。你畫海景和天色。」歐爾嘉同意地回答：「是的。我喜歡海景和天空，也愛風景。」歐爾嘉主動地說著，還一邊開始畫起另一張畫。

這位老師沒有一開始就直截了當地問歐爾嘉：「畫的是什麼東西。」她也沒有給與虛偽的讚美，譬如說：「好美的畫啊！」她卻說出畫的結構和自己的觀感。結果，歐爾嘉覺得自己的創造力受到真正的重視。

五歲的歐廉德幫幼稚園老師打掃草坪。老師不時地誇獎他說：「我看到你掃了一大堆葉子……你掃了兩堆葉子……別跟我說你又掃一堆了！……一個小時裡掃了五堆──我所說的工作就是這樣子……非常感謝你的幫忙。」老師的話令歐廉德振奮，他興致高昂地賣力打掃。當母親來接他時，他回頭對老師說；「請跟我媽說我掃了幾堆葉子。」

這位老師不用恭維個性或評論品格的方式讚美歐廉德。她沒說：「你是個非常好的男孩。你是我的小助手，如果沒有你幫忙，我不知道該怎麼辦？」她只是感謝他努力幫忙。歐廉德自己下結論，自認做得很好、幫了個大忙。

結論：建設性的讚美是說出學生所做的努力、成果和我們的觀感，而不批評個性或判斷品性。要據實報導，不要做判斷，要留給學生作自我評價。

有創意的讚美

老師一旦放棄評價式的陳腔濫調（好、棒、好極了、優秀），就會培養出生動而有力的言語，以表達感激和肯定。在一次特別舉辦的讚美技巧研習會裡，老師們舉出下面的例子。

動人的情節

十五歲的何倫詩寫了一齣戲。老師寫給她一張字條詳盡地讚美她說：「劇中的對白用辭洗練而有力；劇情動人，布局周詳且流暢。整齣戲的鋪排讓劇中人物自訂價值標準，然後用以衡量自己。我很欣賞。」何倫詩欣喜若狂，因為老師的讚詞不僅肯定她的天分也鼓舞她力求獨立。

風光綺麗

十六歲的威廉寫了一篇小說。老師大力褒揚，評語如下：「我喜歡這個故事。它有風光綺麗的背景和婉轉曲折的情節。你的鋪陳方式宛如電影腳本，每個場景都精準地呈現。」威廉獲得鼓勵，躍躍欲試，想再寫另一篇小說。

準會員

十五歲的蘭溪寫了一首文辭並茂的詩。老師的評語是：「蘭溪，你有資格加入國際文藝協會。」蘭溪問：「那是個什麼樣的組織？」老師回答：「這個協會由詩人、散文家和小說家組成。」蘭溪微笑，她覺得受到鼓勵，並且打算朝這個目標努力。

有資格登上紐約時報

十四歲的巴博娜在學校寫了篇詳盡的報導，敘述種族間的緊張情況。老師評語：「巴博娜，你的報導若登上〈紐約時報〉都當之無愧。」

英勇的事跡

十七歲的朱樂彌寫了一篇詳盡的報告，描寫在以色列參觀的集中營。老師嘉許他如下：「你傳達出先民的奮鬥與成就。看過你的報導，我才能想像泥海與沙漠如何開拓成良田。你生動而細膩地描述人類的英勇事跡。」

抓住心情

十六歲的馬文寫論文談及美國貧民。老師稱讚他如下：「你能描繪出我國的貧窮景象，也能抓住貧戶的心情。我發覺你的分析十分犀利，建言也相當傑出。」

帝國主義的本質

十八歲的羅得耐寫論文敘述非洲各國為獨立而奮鬥的情形。老師如此稱讚他：「你一句話就道出帝國主義的本質——以武力為後盾，從事經濟剝削。」

哥利亞德之歌

十五歲的晏雷克為自己的專輯寫了一系列的鄉土歌曲。音樂老師想增進他的文學素養就用專有名詞稱讚說：「你的歌使我想起『哥利亞德』的音樂。」

晏雷克問：「哥利亞德？他是誰？」「我們來查一下百科全書。」老師建議。

晏雷克迫不及待地翻閱百科全書，他發現哥利亞德是個流浪詩人、游蕩的學者，也是個雲遊四海的修道士——即十三世紀的嬉皮。

園藝天才

十六歲的車思德喜歡在校園裡工作，尤其鍾愛培養花卉。老師用專有名詞稱讚他，老師說：「車思德，你具備『托匹埃立』式的天才。」

「托匹埃立？托匹埃立是什麼意思？」車思德問。「你不妨查一下字典。」老師說。

車思德愉快地發現自己的才華是「一種古老藝術，把花木修剪成幾何或動物的形狀。」

影劇新秀

十三歲的達麗在學校演了一齣喜劇。她擔任主角。老師寫張字條讚美她：「很高興觀賞你表演，我覺得你飾演的角色非常有趣，我忍不住捧腹大笑。」

卡耐基大廳

十七歲的李納德指揮學校的交響樂團。老師寫字條稱讚他：「你非常專注地指揮交響樂團。你表現出果斷的領導力和對音樂的掌握能力。我希望將來能夠看到你在卡耐基大廳指揮。」

文雅的措辭

下面的讚美感言措辭特別文雅，是由一群高中的英文老師提供。他們所使用的文字通常是些罕見的生字，不過，他們確信每位學生都看得懂這些讚美詞的涵義。

「你有作家的結構感、情境和人物。你的故事十分逼真、耐人尋味。」

「你的『嬉皮文化』論文令人能夠接受嬉皮的意識形態。」

「你對憤怒的邊緣人所做的描述既精準又生動。」
「你的故事蘊藏銳利的眼光，透露人們為了追求寬裕的生活而置身於層見疊出的競爭中。」
「你的散文像畫一樣栩栩如生，把人物描述得真實可信。閱讀這麼活靈活現、歷歷在目的情節是件愉快的事。」
「你的手筆完全符合散文的清麗風格、文字溫和而有力，表達出痛苦和希望。」
「你所創作的歌曲簡樸而懾人，感觸深沈且質地優雅。」
「你所敘述的人物和背景宛如照相機拍出的彩色照片：精確、鮮明、又詳盡。」
「我注意到你的作文有精湛的技巧、功力和準確度。」
「你的詩喚起震撼的力量，是一首觸感敏銳的作品，值得一讀。」
「你的報導帶著淵博的知識根柢。讀者難以忽略文中訊息的重要性。」
「你所寫的故事反映出人們的生活情況。你刻意彰顯黑暗面。」
「神秘謀殺小說的精品。那懾人的氣氛和四伏的危機使我從頭到尾興趣不減。」
「你所寫的對白宛如出自劇作家，隨著不同人物而變動，或詼諧逗笑、或輕浮放蕩；時而莊嚴肅穆、時而諷刺譏笑，像各式各樣言詞所合奏出的交響樂。」

用文雅的措辭作敘述式的讚美能激發學生的思考和推論，所留下的漣漪會喚起回響和歸納出結論，使學生知道自己是對的。這樣的讚美會牢牢地留在孩子的記憶裡，強化他的自尊和自我形象。

第六章　管教

懲罰的變通辦法

有位老師就要開始在少年感化院上第一堂課。他十分憂慮，因為成敗繫於這次的首度接觸。當他快步走向講台時卻摔了一跤，絆倒在地。全班爆笑不已。老師慢條斯理地站起來，挺身而說：「這是我給你們上的第一課。一個人可以跌得鼻青臉腫後，再站起來。」沈默片刻後，掌聲響起，學生們接受了老師的教誨。

這位老師是個真正的管教人才。他使用智慧的力量去扭轉情勢。在尷尬的時刻，他沒有使用威脅或懲罰去懾服學生，而是以個人的應變力度過難關。他的話語觸動學生的心弦，終於化危機為沈思。

施與管教時最重要的是，找到有效的變通辦法以取代懲罰。因為懲罰無疑是對學生挑釁，造成他難以管教。學生會充滿敵意和報復念頭。憤恨填膺的兒童沒有時間或心情去念書。所以，管教時一定要避免任何會滋生仇恨的管教方式，應採納能引發自尊的方法。

一位有經驗的老師把最有效的管教態度總結為：「我假設學生帶著不真實的自我意象來到學校。因此，我能理解他們的自尊心不強是理所當然的事。我十分謹慎地對待學生，明白自己的言詞會觸及學生的內心感受，也小心避免傷害到他們的自尊與自重。」

人際關係是隨著時間慢慢累積而成的，不像船隻一觸礁就沈。在處理日常紀律問題時，老師可能最有建設性，也可能最具毀滅力。他一時的反應就決定了是責罵還是安慰、怒氣還是和平。良好的紀律是經由老師一連串的教導，成功地糾正過無數次的行為以及深入學生的心，然後才產生的。

老師要順應時代的動亂和暴力，明白學校免不了現代的瘋狂風氣。過去課堂上只有教學問題，而今變成示威、抗議遊行或罷課。許多學生的心田裡裝滿地雷，隨時都會一觸即發。任何一句侮辱的話語都會引起爆炸。

自律

管教像外科手術一樣需要精準，不可隨意動刀，不能信口開河。尤其重要的是，老師要以身作則，示範自律和良好的風度——不暴怒、不辱罵、無穢語。一位有經驗的老師提出下面常見，而我們必須避免的荒謬論調。他說：「我察覺到我個人有自相矛盾的想法，例如，我經常動用一些不讓學生做的手段來對待學生：我提高嗓門去遏止喧嚷；我動用暴力去鎮壓打架；我粗暴地對待不禮貌的學生；我痛罵講髒話的學生。」

老師永不放棄道德權威。他不會和兒童一同丟泥巴打仗；他的訓話不會稀奇古怪，作法不會像虐待狂；他秉持同情心辦事，即使遭到學生挑釁和反抗也不動搖其志。兒童犯規經常是為了看到後續的反應，以確定自己對成人的消極觀念。兒童用激怒和獲得懲罰的方式來證實自己的信念。他或許沒有察覺到自己惹事的力量，所以不覺得有承擔後果的責任。結果是，自己盲目闖禍還自認為是受害者。老師給這種學生最大的幫助是：不隨著他們的節拍起舞，不受他們自暴自棄的態度影響。老師不能讓學生控制或決定他的情緒，限定他的反應方式。老師要忍住慣常的做法以免錯上加錯。老師的談吐要謹慎，不可直言快語；老師的舉止要三思，不可冒然行事。

在管教學生時，老師千萬不可嘔氣行事（「我要親眼看到你得到應得的報應，即使這是我做得到的最後一件事！」）報私仇只會引來相對的報復。處罰永遠有危險性，因為它蘊育野蠻——虐待狂與被虐待狂。有的學生怨恨且報復施虐的老師；有的則忍氣吞聲，自認是受害者。這樣的「被虐需要」驅使他們招惹老師來貶低他們，至少在口頭上如此。管教不是在懲辦犯罪或平衡會計上的收支總帳，管教最重要的是表現出老師的寬恕，而非他的精明。老師不是獨裁者，他的合法權力有限而且還正在縮減中；他的權威來自有效發揮威信與說服力的個人魅力；他的最佳武器是鄙視暴力以及捨棄處罰，做個有教養的文明人。總而言之，誰是真正的訓育人才？是那些有能力使學生從恐懼轉為信任的人。

強調預防的重要性

行為不正和懲罰兩者並不相互抵制，反而是相互增長的。懲罰不會嚇阻行為出軌，只會使犯規的人更小心地犯案以及更機巧地掩藏證據，更有技術地逃避偵查。小孩受到處罰時，會決定要更加小心，而不是更誠實和更負責。

有位高中生敘述：「我們老師訓了一大堆話，教我們要誠實。我聽在耳裡，笑在心裡。她自己示範不誠實還不自知。我曾經因為睡過頭而遲到。她說：『這不成理由。』當時她還處罰我。這下子我明白了。下次遲到時，我該編個讓人信得過的理由。」

懲罰是無意義的，達不到認定的目的。學生接受懲罰後，不會對自己說：「我要改進和向上，做個更有責任感、更寬容、更討人喜愛的人。」兒童知道懲罰對他們幾乎沒有好處可言，懲罰是用來滿足施罰成人的需要。事實上，如果依賴懲罰來管教，最後只有招來報復。口頭責罵和體罰形同傳授暴力，引發仇恨的人就是暴力的幫手和未來犯罪者的從犯。

在威勒・孟特利的《敲任何一扇門》（*Knock on Any Door*）一書中，戲劇性地描述人們如何代代相傳地、盲目地信奉懲罰。書中主角尼克因殺人被判死刑，他的父親聽完判決後說：「我不懂怎麼會落到這種下場……以前他做錯時，我總是鞭打他啊！」而尼克本人，身陷囹圄，對初生侄兒的教養問題提出最佳的建議卻是：「別讓他重蹈我的覆轍。不要用害死人的鞭子打他。你們看著，他會走正路的。」

有些家長和老師問：「我們不是應該教孩子負責任和懂得尊重人嗎？如果兒童不接受勸導，我們是否該用處罰？」我們的倫理觀念如責任感、尊重、忠貞、誠實、慈善、仁愛等是無法直接傳授的，兒童只能在現實生活的情境裡，從他們敬重的人那裡學到這些。因為，美德是由內心滋長而來，不能用懲罰強迫灌輸。

少數的老師相信威脅與懲罰的效用，因此每天仍然照常使用。他們一生氣就對學生叫罵、羞辱、怪罪、斥責、威脅和處罰。這些手段不僅無法糾正錯誤，還會使問題學生抓到把柄，認為他們過去所犯的過錯應該無罪，而且給了他們下次犯罪的藉口。

我們是否有取代懲罰的變通方法呢？本章企圖說明一些變通辦法。

傳字條

老師用眼角瞄到貝翠雅傳字條給另一個女生。他從座位跳起，衝向那個女生，而且從她的手中搶走字條。他大聲地宣讀字條卻突然中止，因為接下去是一些猥褻的形容詞套在他的名字上，他氣得滿臉通紅。

「你這個髒東西，」他對貝翠雅咆哮道，「你好大的膽子！」

貝翠雅哭起來。

「這次你裝哭都沒有用，」老師說，「我要見你的父母，跟他們說，他們養了個很惹人厭的女兒。」

在這件事裡，老師處理的方法比得瘟疫還糟。他的反應造成的不良後果比傳字條還嚴重。他犯了許多錯誤，他把私下冒犯變成公然貶抑，把小過渲染成重罪；他喪失了理智，動用咒罵，而且表現粗野的態度。

自古以來，學生一直用傳字條做為消遣，這可能會擾亂秩序，卻不是罪行。我們可以採用正當的途徑解決這個問題。老師攔截到紙條時，可以逕行丟棄，不必當眾宣讀，因為傳字條固然不規矩，但是字條畢竟不是寫給老師看的。為人師表者不應該示範不正當的行為。

學生有時會用字條作弄天真的老師，他們預料字條會被唸出來，所以就在內容上大作文章。曾經在一個班上，有位年輕的女生同時寫三封一模一樣的情書，讓三位老師攔截後宣讀。每位老師都要她放學後留校接受盤問，可是她卻自行溜回家，留下這三位老師到處尋找這號人物。

「誰把橘子皮堆在我的桌上？」

當英文老師走進教室時，發現他的桌上有一堆橘子皮。他面紅耳赤，轉向學生，對他們吼叫：「誰把橘子皮堆在我的桌上？」沒有人回答。我再問一次：「是誰做的？」結果毫無動靜。「做的人，」老師提高嗓門說，「不但是豬，還是個膽小鬼。我再給你們一次機會，是誰做的？」

老師舉目掃射，想找出那隻懦弱的豬。但是最後仍然沒人自首，老師於是決定處罰全班。

在這個事件裡，老師犯了許多錯誤。他表現惡劣的態度，露出凶悍和激起仇恨。何況斥責不會招來認罪；恫嚇無法改進紀律；集體處罰不會強化自律。

這件事原本可以用一點幽默輕鬆帶過。老師可以一邊把果皮扔進垃圾桶，一邊說：「敬告那位仁兄，我喜歡剝了皮的橘子，不是沒有橘子的果皮。」如此一來，學生就不好意思再作怪了。

髒話

五年級的楊老師無意中聽到歐立說了一句常聽到的髒話。她沒有置之不理，反而當眾宣揚。

老師：你在說什麼？

歐立：你指的是什麼？

老師：我的意思你清楚得很。

歐立：我說，「哦！去他的。」

老師：你剛才不是這樣說。

歐立：我就是這樣說的。

老師：我聽到的不是這樣。

歐立：聽到的人要怎麼說就隨他囉！

老師：你少油腔滑調，出去！

歐立：這是什麼窩囊課！

歐立跑出去，砰地一聲關上門。老師繼續面對惶恐的全體學生。在這個件事裡，老師委實沒有必要擴大戰火。她要求一個孩子重說髒話在先，接著公然侮辱他在後。這整個爭端本來可以避免。其實，當初只要一道銳利的眼色就足以傳達禁令，根本沒有開口的必要。

詩情畫意的力量

大雪紛飛，幾個學生透過一半是霜的窗戶眺望雪景。老師火大地說：「你們怎麼搞的？難道沒有看過下雪？別在那邊找個不專心的藉口。如果你們還往外看，我就把你們趕到寒冷的外頭。這是最後一次警告！懂了嗎？」

兒童期望看到新雪是預料中的事，抹殺他們的好奇心，對老師而言並沒有好處，何況學習必須要有熱誠的心。此情此景，老師不如共襄盛舉，跟學生一起慶祝銀花飛舞的盛況，捕捉這美妙的片刻，共同觀賞白色的奇蹟。這天該有多麼地詩情畫意。

掉下之後

十歲的郝爾德在教室裡玩拼圖遊戲，有些圖塊掉到地上找不到。老師生氣地說：「你這個笨蛋，一點都不愛惜班上的東西。除非你證明給我看，你變得比較有責任感了，否則不准你再玩班上的東西。」

郝爾德很生氣，悶悶不樂地坐了一會兒後就開始搗蛋。他的鉛筆「掉到」桌底下，課本「掉到」地上，未經允許就搶先發言，還跟別的學生打架。他的老師說：「我知道這件事我沒有處理好，還製造個管教問題。我很後悔侮辱了他，我不應該侵犯他的人格。我應該就事論事，不說教也不恐嚇，只說：『我希望你更加愛惜公物。』我鄭重地決定，下次改過。」

簡明的語言

五歲的何雷德為爭玩具跟同學打架，老師要求他們停手，他們卻愈打愈烈。老師不再制止而說：「我看你們不打到對方受傷不會高興。你們堅持自己的想法。可是，我也堅持維持這間教室的安寧。如果你們還不罷手，我就要採取強烈的手段了。」

那兩個男生不理老師，繼續打架。老師抓住他們，又說了一大篇：「我得費很大的力氣才抓得住你們，就像你們得費很大的力氣才能掙脫一樣。我知道你們不高興，但是我現在要下定決心，做我該做的事。」何雷德迷惑地注視老師說：「那麼，你為何不採取行動？」

老師原本可以不發一語就制止這場打架，簡明地嚇阻一聲即已足夠：「不准打架！打架違反秩序。可以動口，不可以動手。」

老師要成功地維持紀律，在危機的剎那必須保持「簡單俐落」。長篇大論或爭吵起不了作用。簡明才有權威，因為簡明顯得堅決。

豐富的形容詞

許多老師已經了解，用字遣詞可以強化紀律和維持安寧。他們用艱深的字句和豐富的文藻取代恫嚇或處罰。這種方式幫他們保持冷靜，也幫學生增進字彙。下面的例子說明如何成功地發揮文字的力量和展現成人的權威。

當老師看見六歲的立昂在打和他一起玩的小朋友時，她高聲地說：「我親眼看到實際情形。我驚訝、惶恐、又懊惱，你怎麼可以傷害別人。」立昂默不作聲。他雖然聽不懂全部的話，但是他領會老師的意思。

老師不僅趁機教導良好的規矩，也傳授了良好的語文。

避開瑣事

教室裡爆出劇烈的爭吵聲。

凱倫：還我鉛筆！

琳達：鉛筆是我的。

凱倫：你說謊。你是小偷。你明明知道那枝鉛筆是我的。

琳達：少誣賴！別想拿走我的鉛筆。

老師（不悅）：你們的話我全都聽到了。我不喜歡你們吵架。把那枝鉛筆給我。現在，我各發一枝鉛筆給你們。你們下課後才決定那枝鉛筆是誰的。現在都回去做功課。

吵鬧就此中止，老師才花三十秒鐘就解決爭端。他刻意避開無意義的詢問，也不介入私人產權的爭辯；他防止爭筆風波干擾教學進度；他揉合技巧和權威，撇開浪費時間的瑣事——控告、反辯、對立的證詞、審判和執刑。

知錯要能改

五歲的小華掐他的朋友小珊，小珊予以反擊，接著，雙方爭吵不休。老師目睹整個事件，對小華說：「我看到你掐人，你怎麼可以這樣！」小華說：「對不起。」老師回答：「知錯就要從心裡下決心改過。」小華回答：「好的。」。他走去小珊那邊，又玩在一起了。

口頭攻擊

十歲的維德不願意在課堂上保持安靜。老師問他：「為什麼你一定要隨意開口說話呢？」他回答：「干你什麼事，×你娘！」老師愣了一下，然後說：「你剛才講的話使我氣得再也不想跟你講話。」維德顯然吃了一驚，他以為可能會挨打或挨罵。在剩下的時間裡，他默不作聲。等到下課後，班上的學生都離開時，他走向老師，沈默地在老師身旁站了一會兒，然後開口說：「你不喜歡我！」老師一面整理桌上的作業一面問：「我應該喜歡你嗎？」「老師，真對不起，剛才我冒犯了你。」維德哭了起來。老師回答：「如果你真的覺得抱歉，就應該在課堂上表現出來。」維德被老師的反應嚇住，他似乎若有所思。

忿怒時刻

八歲的朱安是二年級的留級生，他跟他所遇到的每位老師或同學都處不好。他很凶而且喜歡攻擊別人，對小事反應過度，經常打架鬧事，還對同學放狠話。這樣的打架又再度發生時，老師說：「我可以從你的臉上看出你非常的生氣。」他回答：「是的。」「當你覺得生氣時，過來告訴我。好嗎？」朱安訝異老師竟然沒有罵他。現在他定期向老師訴說自己的忿怒，學習把肢體攻擊轉成口頭言語。在另一事件裡，朱安和麥明想召集一群男生來打球，卻意見不合地打了起來。老師適時介入，還幫他們安排球賽。過了不久，這兩個男孩前來控訴對方欺騙。老師說：「我很高興看到你們兩個都能用語言正確地說出你們的感受。」這兩個男生志得意滿地相對而笑，解決了他們的紛爭。

「我看得出你很生氣。」

擦洗黑板時，十歲的立偉故意潑了幾滴水到珍恩身上。珍恩抓起板擦、泡到水裡，然後往他的臉扔過去。立偉火冒三丈，打算揍她。老師拉住他說：「看你氣成這個樣子。珍恩在你的附近怎麼安全。珍恩，你的位子換到教室的另一邊。」立偉回應說：「我要揍死她！」老師說：「我看得出你很生氣，也聽到你在威脅。你不如想個其他方法去發洩怒氣，這樣的暴力事件太多了。」立偉驚訝地望著老師，怒氣消散。

紀律訓練

在全班自修期間，凱博到處走動並打擾每個人。「凱博，你隨意跑動，別人無法專心念書。」老師說。他停止走動，卻撕起紙來並往別人身上丟。「不要打擾別人！」老師說。可是，凱博不理。「凱博，你來決定，你要留下來跟我們在一起，還是自行離開。」老師建議。「我要留下來。」凱博回答。

幾分鐘後，凱博趴在地上捏別人。「凱博，我看你已經決定了，」老師說，「你決定離開這裡。」凱博抗議。不過，老師還是叫他坐到後面去。下課後，凱博走過來說：「老師，對不起。」老師回答：「我要的『對不起』是你心裡決定要改進。」凱博於是承諾：「下午我會改好。」

他遵守了諾言。

消除髒亂

八歲的立德很會找麻煩。他經常掉課本、濺果汁和翻倒桌椅，他總有本事把周圍搞得亂七八糟。老師氣起來直接罵他：「你好大的膽子，敢把教室搞得這麼髒亂。你連豬都不如！」立德聽了當耳邊風，還繼續搗蛋，製造些礙眼的景象。他後來被調到別班。

這位別班的老師另有處理辦法。當他看到髒亂，就說：「立德，看到這麼亂，我好驚訝！你能馬上清理嗎？」立德動手打掃，於是，他桌子附近的髒亂明顯減少。這位老師無為而治。他不批評也不斥責。他只是生動地表達自己的感受和據實指出該做的事情。

請求合作

十歲的博德特別愛打岔。每次談話，他都未經許可就插嘴；無論談什麼問題，他總是未受邀請就自動發表高見，連跟他無關的事，他也照管不誤。他公然大放厥詞，引起老師和同學反感。博德不理睬別人的反駁和責備，甚至在別人批評他愛打岔時，還插嘴與人爭辯。老師束手無策只好寫張字條給他。

親愛的博德：

我寫這封信請你合作。請你每堂課頂多發言兩次，如果你有更多的高見，麻煩寫下後交給我。我附上紙張與信封讓你使用。盼望收到你的來信。

你的老師　留

博德收到老師寫給他的信後很得意。他反覆地讀而且努力做到信上的要求。

老師寄來的一封信

七歲的東尼很會惹老師生氣。他坐在椅子時經常故意往後靠，然後摔倒，驚動全班。屢勸無效之下，老師終於寫信給他。信中誠懇地要求他合作，讓全班能順利上課，並且具體舉出必須改進的地方。

隔天，東尼一早就到學校。「您寄了一封信給我。」他說。「喔！你收到了。」老師說。「我從來沒有收到過信。」東尼說，「我從來沒想到摔倒會干擾到別人，我以後不會再做了。」老師說：「東尼，謝謝你。」東尼離去時說：「謝謝您沒有讓我媽知道這件事。不然，她會氣瘋的。」

東尼不知道，媽媽曾為這封信打電話向老師致謝。他的媽媽認為，讓他收到大人寫給他的信，跟他談有關他的事，對他很有幫助。他的媽媽還說：「也謝謝你，讓我不必為這件事操心。」

拯救靈魂

下面的故事包含一個簡單而通用的道德原則：仁慈只能用仁慈來傳授。

八歲的安迪是班上的受氣包，同學們聯合起來欺侮他。帶頭的老大是九歲的小傑。當老師知道有這種事時，很生氣。起先，她想嚴厲地處罰他，讓他自食其果。不過，她打消這個主意。她解釋說：「我不想上演更多的打架事件。他不需要再次嘗受野蠻滋味，他需要的是看到文明。」為了避免爭辯和留下更深的印象，老師不安排面對面的交談而寫了一張字條給小傑。她這樣寫：

親愛的小傑：

安迪的媽媽告訴我，她的兒子今年被整得很不快樂。小朋友罵他、排斥他，使他變得孤獨而悲傷。我關心這件事。你是班上的領導人，看來，向你徵求意見最合適。我相信你能同情弱者。請你寫給我一些建議，告訴我如何幫助安迪。

小傑沒有回信，不過，他不再欺侮安迪了。

小傑的老師獲勝，因為她能克制衝動和不採取處罰方法。她明白，生命中最美好的事務不能用強烈的手段傳達。愛心只能靠愛心來培養，同情心亦然。她的想法隱藏在刻意的措辭裡，讓文字流出關懷。這樣就避免了批評，而只專注在如何解決問題。老師針對小傑的良心和自尊講話，小傑也回以有益的反應。

「寫下你要說的話。」

在我舉辦的專題研討會上，有位老師報告說：「一年到頭，我提出的教學意見，實際上都未受行政當局的注意。只有一次例外，我接到校長的一張字條：『恭喜你。你是本月份唯一沒有把學生送到訓導處的老師，你一定是教學有方。』」

有一天，當我在大辦公室時，華德跑進來大叫：「老師，快來啊！博思就要殺死凱博了！」我隨著華德跑回教室，校長也尾隨而至。我目睹教自然的老師在那邊大聲叫喊：

「肅靜。」這時，凱博和博思在地上打成一團。我走進教室，表現出極端的忿怒，並且以非常莊重的口氣說：「我看到教室的地上有兩個男生在打架。我們只准動口，不准動手。」兩個男孩站了起來，博思吼叫道：「他罵我媽。」凱博插嘴：「我沒有，是他罵我。」我說：「我要你們兩個都用筆把全部情形寫下來。」凱博開口說：「但是，他……。」我說：「寫在紙上。我要你們寫出來龍去脈、詳細的經過，以及對未來的建議。」這兩個男孩坐到教室角落去寫報告。我再回去上課，校長跟著離開。整個過程花了五分鐘。過後，校長向我要他們的報告。在下次校務會議裡，他提起這件事，還宣讀那兩份報告。他建議處理打架事件要用這種方法取代送學生到訓導處。

處理抱怨

九歲的小波成天抱怨：「老師，小添拿我的鉛筆。」「老師，小進在嚼口香糖。」「老師，小德撕破我的紙。」她的聲音很煩人，讓老師覺得精神疲憊。最後，老師想出一個辦法，他告訴小波：「請用書寫方式讓我知道你在抱怨什麼。」這種方法只有當天有效。第二天，她又故態復萌。老師用堅決的語氣說：「為了保持全班的尊嚴，所有抱怨都要用寫的交給我。」這個問題才快速得到解決。

某所學校採用這種辦法作為校規。每間教室，包括幼稚園和一年級，都設了意見箱。年幼的兒童雖然不會寫字，但是他們可以用畫的。學生們也能學會如何訴苦。這種方法經常能預防紀律問題惡化而且省時省力，還容許老師自行斟酌處理。

顧及面子

「無論何時，盡可能不要把小事化大，要顧及學生的面子。」這句格言防止了許多的紀律問題。例如：

十歲的包博娜違反校內安全規則，因為她在滿是學生的操場上騎腳踏車。

老師：包博娜，我們學校有條重要的安全規則，規定不可以在操場上騎腳踏車，因為太危險了。

包博娜：我忘了。

老師：我要怎樣才能幫你記住？

包博娜：你放心，我現在就記住。

老師：你這樣說，我就放心了。

包博娜輕鬆而感激地離開操場。

這個輕微的犯規可能演變成嚴重的紀律問題，如果老師當初這樣處理：
「難道你不曉得這條安全規則？」
「難道你都沒有考慮到別人的安全？」
「這個星期，你把腳踏車留在家裡，不准騎到學校，這樣或許可以教你遵守規則。」
如此一來，通常一場難以避免的衝突，會在老師的回應之後接著發生。

室內的音量

有一天，當教室內的喧嘩聲高漲到難以忍受的地步時，老師下定決心要為學生制定一套規則，以彰顯教室禮儀。她督促學生討論室內音量和室外音量之間的差別，以及發出聲音的適當時間。老師發現這麼說：「各位同學，現在你們是否應該控制在室內的音量標準呢？」比教條式的命令：「不要吵！」來得更愉快而有效。

改進或轉班

有所公立學校設立了幾個不分齡的班，讓經常破壞秩序的學生自己選擇要改進或者要轉班。這所學校不採用叫罵、說教或譴責。他們告訴學生：「你可以選擇遵守這班的規矩或轉到別班去，你自己決定。」

這種辦法已經證實有效。暫時轉班滿足了老師和學生彼此暫不見面的需要，也讓兩者冷卻情緒。然後經過老師同意，學生就可以回去正常的班級上課。

視全班爲一體

老師要想到，教室裡會有些反常的集體行動，必須在一開始時就處理好，否則，一件平常的事，會變成困擾師生的持續性問題，令人不勝其煩。如果老師知道用什麼方法可以事先預防或解決團體危機，而且具有付諸實行的技巧，那麼許多緊急事件就可以事先防範。

老師該怎麼做才能使學生在教室裡遵守規矩？什麼樣的辦法可以營造出成功的教室生態與學習環境？韋恩州立大學的柯霖和其同僚對這個問題有精闢的研究。他們錄下實際的上課情形，然後研究其中的過程。結果發現，有些班有工作參與感的學生比率較高，而行為不良的比率較低；其他班則相反。研究人員想知道的問題是：「老師在教室裡的行為與這些不同的結果有何關聯？」

研究人員把老師在教室裡和學生有密切關聯的作風與行為加以分類，分別是：

眼觀四方

有效率的老師顯得熟悉室內的動態。他不會抓錯違規的學生，挑得出肇事者，不會冤枉旁觀者、幫凶或受害者。他就像寓言中的人物一樣「頭部後面有長眼睛」，凡事都瞞不過他。

雙管齊下

有效率的老師能夠同時處理兩件事。當瑪麗高聲朗讀課文時，有兩個男生在一邊寫功課一邊聊天。老師說：「瑪麗，你繼續念下去。我聽著。」然後立即對那兩個男生說：「你們講話的聲音太大。現在請你們坐好，專心寫功課。」

這位老師沒有小題大作，就省時省力地同時處理好兩件事。相反地，做事沒有效率的老師盡是忙些小過錯而停掉主要的活動。例如：

貝蒂高聲朗讀課文時，蓋瑞和阿立在位子上，你戳我一下，我也戳你一下，彼此鬧著玩。這位老師的作法是：

1. 站起來，

2.把課本放在她的桌上，
3.走向那兩個男生，
4.瞪著他們，生氣地說：
5.「給我停止這種無聊的行為！」
6.「馬上停止！」
7.「阿立，你還沒有做完算術題。」
8.「你馬上去做，一定要做對。」
9.「蓋瑞，你也一樣！」
10.她走回講台，
11.拿起課本，
12.坐下後，說：
13.「好，現在繼續念故事。」
在這件事中，這位老師白白浪費了不少的時間、精力和情緒。

掌握動態

學生在教室裡有身體的移動（像從座位走到講台）和心理上的移動（像從數學課到語文課）。老師如何帶領、維持和結束這些動作，顯然影響教室裡的紀律。柯霖的研究顯示，沒效率的老師說話過多而且無法掌控動作的流程。以下列出他們的缺點：

1. 他們「出爾反爾」：他們結束一項活動，開始另一項活動，卻又突然回轉。例如，老師要學生收起拼音試卷，拿出算術課本。學生照辦後，他卻問：「誰的拼音全對？」

2. 他們「過分細究」：為了達到目標，他們嘮叨不休，而且做了過多不必要的動作。範例請參閱第四章的「簡明扼要」一節。

3. 他們「分散命令」：他們分散一個命令，要求學生單獨各自去做，殊不知全體一致一次就能完成。範例請參閱第四章的「請求合作」一節。

4. 他們「容易分心」：有效率的老師以目標為前提；無效率的老師注意不相干的細節而且容易偏離正題。例如：老師在黑板上講解算術時，看到有個男生坐姿不正。她停止講解，走下講台，走到他的桌旁說：「俊傑，坐直。你這個樣子怎能專心聽講、寫字端正呢？你馬上給我直挺挺地坐正……嗯，這樣好一點。」然後，她走回講台繼續上課。

5. 他們「愛打岔」：有效率的老師不會在學生做活動時突然打岔、給與命令、詢問或發表意見。他能感覺出學生是否已經準備好聽他說話。無效率的老師不等到學生注意力集中就開始講話。他以自己的需要隨時隨地打岔。

6. 他們「精神不集中」：無效率的老師半途無故中止一個活動，開始另一個活動。例如：有位老師正在檢查算術作業。她叫瑪麗起來回答。瑪麗站起來就要說話時，老師環顧教室，然後說：「嗯，我來看看，蘇珊妮沒來，是嗎？有誰知道她今天為什麼缺席？」

注重整體

有效率的老師注重整體。叫學生起來背書時，他不會全心放在一個學生身上。他自己有許多隨機應變的技巧來提醒全班注意。例如：

在挑選學生出來認字時，甲老師拿出字卡，問誰會念，然後故弄玄虛地環視全班，最後才挑出一位來念。全班因而都提高警覺，而且有參與感。相反地，乙老師馬上專注在一個學生上（「宗翰，你願意念這張卡嗎？」）其他的學生都處於被動的地位。

甲、乙老師之間的不同，影響到許許多多的教學活動。一位是故弄玄虛、提高集體的警覺和保持注重整體，另一位則表現得像某位學生的家教，而不是全班的老師。柯霖的研究顯示，保持注重整體的老師能增進學生的功課參與感，並且減少班上的偏差行為。

作者的註解

我強調柯霖的研究有兩個理由。第一，他們注重的是預防而不是如何處理不良行為。第二，他使用的技巧營造出有效的「教室生態與學習環境」，沒有動用懲罰。他的這些研究注重具體與描述，沒有口號或陳腔濫調。每位老師都知道「愛是不夠的」，「營造和諧的關係」或「製造趣味」也同樣不夠，友善的形容詞解決不了教學問題。老師本人可能「溫和」、「有耐心」，也有「愛心」，但是仍然無法安度教學上的難關。

教育工作者不但需要具備良好的品格，也要有特別的技巧。引用柯霖的話：技巧本身不是目的，而是必備的工具。有技巧才有效率，少了技巧就如同遇到障礙，寸步難行。注重技巧並非反對關懷個別的學生，而是讓老師為個別差異擬訂計畫，方能因材施教。

發掘優點

俗語說，好事不出門，壞事傳千里。老師的角色正好相反。老師要發掘學生的優點，減少缺失，加強知識和擴大生活領域。老師遇到任何教學問題時，如果自問：「我現在該如何幫助學生。」這樣就能避免挑剔，不會讓學生有罪惡感，也免去處罰。老師成了預防紛爭的專家、避免危機的巨匠和化解衝突的高手。管教問題的處理成為傳達價值觀、灌輸見識和增強自尊的大好機會。

第七章　師生衝突時：家長的角色

當老師和學生發生衝突時，家長要怎麼辦？家長應該站在老師這邊，加強老師的權威？或是支持自己的孩子，共同對抗嚴酷的世界？或者另有其他變通辦法？下面各節描述免於偏袒的調停法。這些方法著重在解決問題和增強自尊。

救助的藍圖

十歲的爾文緊張而激動地從臥室走出來。「我功課做不完，」他叫著，「老師發瘋似地處罰我。他要我寫五十遍『如果我不再心不在焉，就能學到東西。』我已經寫了十遍。我再也寫不下去了。媽！你說要怎麼辦？」

媽媽（愣住）：爾文，我需要時間想想看。

爾文忍著眼淚回房。媽媽震驚而沈默地站著，內心自忖：「我的兒子這麼討厭學校。寫字對他來說是一種折磨，用寫字來處罰他只會讓他更痛苦。現在，我要如何幫助他呢？」媽媽心裡有如下的主意：

表現關懷，但不侵犯老師。

傳達這個意思：我們無法改變老師，可是我們可以忍受這種情況。

允許他表現消極的情緒。肯定他，並給他象徵性的幫助。

媽媽胸有成竹地走進兒子的臥室，發現爾文躺在床上痛哭流涕。

媽媽：老師真的要你抄五十遍這個句子嗎？

爾文：是的。你知道，如果我交出這份罰寫作業，她會怎麼處理嗎？她會在全班面前當眾撕毀，然後扔進垃圾桶。

媽媽：喔，不！你說的是真的嗎？我現在明白你為什麼這麼生氣了。

爾文：我要轉班。我要做個最壞的學生，讓她把我轉到低年級。我當不了最聰明的學生就當最笨的。我不要做任何功課，也不要聽任何解釋。

媽媽：為了逃避她，你甚至要當個壞學生。你一定傷得很深，而且覺得非常痛苦。

爾文：是的，是的。

媽媽：爾文，我同意你的看法。罰寫作業無法改善學生的行為，只會傷害學生的自尊。

爾文：什麼是自尊？

媽媽：自尊是你對自己的感受，對自己有尊重感。

爾文：可是我還是必須再抄四十遍那句蠢話。

媽媽：那不是件簡單的事！你可能要花一個小時或更久才能寫完。我願意幫你。這種作業可真辛苦！燈光要朝哪裡照？往床上還是桌上？

爾文：往床上照吧！

媽媽：看來你想躺在那裡寫，會比較舒服，是嗎？（她調了燈光，拿枕頭撐住他，還給他一張硬紙板，讓他墊著寫字。）爾文，你要不要一些葡萄乾，讓你邊嚼邊寫？

爾文：好呀！請拿給我。

爾文邊嚼葡萄乾邊做作業。每隔幾分鐘就展現他的成果給媽媽看，同時也得到媽媽的讚賞。

爾文：好了！我寫完了！

媽媽：你下決心寫，還堅持到底。我佩服你的毅力！

爾文：現在她可以把這些撕成碎片了。（他緊閉雙唇，皺著眉頭，仔細端詳紙張的兩面，假裝在數，然後假裝慢慢在撕。）

媽媽：你希望她不要撕毀你的作業？

爾文（邪氣一笑）：啊，那是辦不到的事。好了！媽媽晚安。

他上床去睡覺。

一封忿怒的信

十三歲的金燕生氣地回到家。他的老師態度惡劣、言語粗魯，而她打算轉班。媽媽要求她把委曲寫下來。金燕交給媽媽一封她打算寫給老師的自白信：

給我的老師——暴君：

我要讓你知道，你是我想轉班的主要原因之一。我可憐所有被你教過的學生。我希望以前教你的老師就是你這個樣子，這樣才算老天有眼、惡有惡報。你自私、粗心、又非常不自量力。你從來就沒有對我說過一句好話。你卑鄙、粗魯，只會說：「閉嘴！別吵！笨蛋！」

你現在管不到我，因為我很幸運地脫離你的勢力範圍。不然的話，我寧願去死。

你是我唯一憎恨的人（如果這樣叫你不犯法的話）。

媽媽緩慢而仔細地唸出這封信，金燕注意地聽。這封信真實地表達了她的感受。從媽媽的聲音中聽到自己內心的話，她覺得好愉快。她的怒氣消散了。這封信卻永遠沒寄出去。

父母共同關懷

珊蒂（十四歲）：我討厭打字課的老師。或許是我自己笨，但是我就是跟他學不來。我打字怎麼會如此差勁？

媽媽：差勁？我不准你侮辱我的女兒！

珊蒂：你應該聽聽這個老師怎麼罵我們。她只喜歡靈巧的學生，其他學生她一概受不了。她甚至於連我們的名字都不想記。你想想，她罵人家，連人家的名字都不肯記。

媽媽：看來你的打字課上得很不愉快。

珊蒂：我怎麼能夠向一個我不尊重的人學習呢？

媽媽：就算你想學，內心總有疙瘩使你反抗。對嗎？

珊蒂：對，對極了！我應該在家裡練習，但是我不願意，我再也不管了啦！（爸爸無意中聽到他們母女的談話，從客廳走來。）

爸爸：我需要有人幫我打履歷表。這件事已經耽擱太久，我明天就要用。

珊蒂：爸爸，你要我幫忙嗎？你放不放心讓我打你的履歷表？

爸爸：那太好了！你可幫了我一個大忙。

珊蒂：要幾份？

爸爸：兩份。

珊蒂：我多打一份，可以留著以後用。（珊蒂跑下樓，擺好打字機，打好履歷表，然後交給爸爸。）

爸爸：謝謝你，珊蒂。你幫了我一個大忙，而且還完成得這麼快。

珊蒂：別客氣！你想想，我是家裡唯一會打字的人。我不必看鍵盤就能打字。無論何時，需要有人幫你打字時，只要吹聲口哨就行了。

珊蒂的媽媽做了下面的評語：「這個小插曲很容易演變成大災難，假如當初我給女兒我們常用的批評性忠告：『你老是誇張，你的老師沒有那麼糟。老師不疼你，你就嫉妒、痛苦。你要知道，你有機會學習打字是多麼幸運？你上高中和大學時都需要用到打字。有的老師還堅持要打字的報告，因此你不要不知輕重。』」

重整怒氣

阿迪情緒低迷地回家吃午飯。他對媽媽吼叫，還跟妹妹打架。

媽媽：我不准你把家裡搞得烏煙瘴氣。你顯然在生氣，把你的怨氣講出來吧！（阿迪倒在沙發上，哭了起來。）

阿迪：今天來了個代課老師。她真卑鄙！她加重我今晚的家庭作業，我討厭她。下午我不回學校了。

媽媽：我看得出你很氣她。你今天早上上課時一定很費力地在控制自己的情緒，是嗎？

阿迪：是啊！我真想站起來揍她。

媽媽：你這麼生氣，還得面對她一整個下午，這要有勇氣和內在力量才行，對嗎？
阿迪：對。我希望我受得了，我在心裡一直詛咒她。
媽媽：你希望級任導師快點回來。
阿迪：當然囉！
媽媽：我猜想你還有許多氣話要告訴我。這裡有紙筆，把你的怨氣寫下來。你知道「創作」就是這樣子。
阿迪：我現在沒有時間創作，我得回去學校，我不想遲到。（他穿起外套回學校。）

一劑信任藥

背景：早餐時間。
貝詩（十歲）：我不要上學。我討厭上學。
媽媽（同情地說）：我懂。你今年不好過。你的老師很嚴。我甚至知道他常大吼大叫，你一點也不喜歡那樣。
貝詩：一點也沒錯。我從來沒見過這麼粗魯的老師。
媽媽：我知道。

貝詩：你不要強迫我上學。如果你載我去，硬要我下車走進學校，我會溜走。

媽媽：你可以逃學，但是我相信你不會這樣做。

貝詩：你怎麼知道？

媽媽：我信任你。（貝詩投降了，多少邏輯都比不上一劑信任藥來得有用。）

同情的肯定

十一歲的貝立回家時，情緒緊張又沮喪。媽媽問：「你在學校裡出了什麼事嗎？」貝立生氣地說：「是的，老師扯我的頭髮，痛死了！我和兩個男生在走廊上開玩笑，聲音太吵。他原本可以說：『你們玩夠了吧！』或『別在這裡吵。』或『別鬧。』他不這麼說，卻打我。」

媽媽回答：「你希望他用比較文明的方法嗎？這點我同意。」

貝立似乎鬆了一口氣。

留著回家

老師打電話指責十歲的瓦倫：「他一直裝瘋賣傻，打擾全班上課。」她告訴他的媽媽。「我逗同學們笑，」瓦倫承認，「我愛耍寶，像個喜劇演員。」媽媽說：「我敢打賭，逗全班笑很過癮，可是老師非常氣你。」瓦倫說：「我想我最好不幹了。」媽媽說：「控制自己並不容易。你會忍不住想講笑話。當你覺得想說笑時，不如把笑話留回家說。我們可以在家裡一起笑。」瓦倫喜歡這個主意，他在班上的行為也改進了。

這位媽媽的方法簡單而有效。她不盤問、威脅或處罰。她轉達老師的不滿，對兒子的願意改進表示嘉許，而且建議一種可行的途徑，讓他發洩說笑的衝動。

恢復自尊

九歲的天木難過地從學校回來。他的英文老師指責他「不負責又不可靠」。她對他說：「你老是在廁所裡拖時間，以後不准你單獨上廁所。我會找人跟你一起去。」天木覺得既生氣又受辱。他回想老師以前給他的侮辱和傷害。「有一次，我告訴她我在操場找到口香糖，她卻回答：『天木，你是出名的騙子。』還有一次，我在誠實表上給自己打高分。她取笑我說：『你？你誠實？別笑死我了。』」

媽媽聽完他說的恐怖經歷後，怒氣高漲。她認為那個老師在毀壞她兒子的自我形象。天木不斷口出怨言，媽媽同情地搖頭，然後說：「兒子啊！你的老師錯怪你了！我要告訴她，你是多麼地負責任。難道她不知道你拾金不昧？我得讓她知道，爸爸和我不在家時，是由你負責看守樓下的大門的。」

天木插嘴說：「也告訴她你給我剪刀，讓我修剪黃色的春花樹叢，因為你信不過一般的園藝人員。」「好，」媽媽說，「我還要告訴她，我給了你一罐有毒的噴霧劑去殺蒲公英，因為我知道你是個好幫手。」

「好啊！」天木同意，「還有，告訴她，我討厭她！」天木的怒氣還未消。媽媽說：「你認不認為用筆把你的怒氣寫下來會有幫助？」他回答：「好的。」

天木在一張紙上詳盡地寫下自己的忿怒情緒以及報復幻想。寫完以後，他把紙張撕成碎片，心裡也就舒服了些。

「我希望他沒說過那種話。」

有位老師在牆壁上鑽孔時，螺旋錐卡住了。十二歲的雷狄說：「我有個建議。你不妨把螺絲錐插入鑽孔機，然後重新發動，那樣可能就出得來。」老師回答：「你認為你的意見有用嗎？告訴你，不管用！」雷狄狠狠地瞪老師一眼，然後離開教室。

當雷狄告訴爸爸他的遭遇時，爸爸生氣地說：「你幹嘛老愛建議別人？老師又沒問你的意見。你開口做什麼？你為什麼多管閒事？」

雷狄更加氣憤。「你比老師還糟，」他吼著，「他是個外人，你是我的爸爸。你什麼都不知道，一點也不了解我。」接著，他衝出家門。

當孩子生氣時，他需要的是有人專心聽他說話，而不是苛刻的利舌。他需要成人幫他消除怒氣，而不是火上加油。雷狄有禮貌地提出建議，老師卻無禮地加以拒絕。爸爸原本可以說：「你這麼好心提出建議，卻得到如此粗魯的回應，真叫人難過。不過我在想，不知道有什麼東西惹他生氣？我希望他沒說過那種話。」如此，雷狄可能因爸爸的支持而敬愛他。

變得成熟

凱瑋（十歲）：今天我被送去訓導處。

媽媽：怎麼回事呢？

凱瑋：當我吃完午餐回教室時，我的椅子被人轉成椅背朝前，所以我只好跨著雙腳坐下來。

媽媽：你這種坐法惹老師生氣，是嗎？

凱瑋：嗯！是的。當時她說：「凱瑋，快把椅子轉過來。」我照辦，把椅子轉正，但仍然坐成同樣姿勢——只是這次面向全班。

媽媽：你這樣做引起全班大笑，是嗎？

凱瑋（笑著）：是啊！所以她把我送去訓導處。

媽媽（嘆氣）：我現在才知道爸爸為什麼會被學校請去開會，討論你的事。（沈默了一下）

凱瑋：喔！媽媽，對不起。我會改過的。

媽媽：我知道你是個說到做到的人。

凱瑋（隔天）：老師要我們用「隱藏」做動詞來造句。我本來要大聲說：「超強力洗衣粉叫污垢隱藏不了。」好讓全班爆笑，可是我及時克制自己，你覺得如何？

媽媽：你現在成了自己的主人。你已經學會選擇說話的時機，知道何時該講、何時不該講。我喜歡你這個樣子。這就是我所說的變得成熟。

被退回的作業

十一歲的肯尼氣沖沖地從學校回家。他的社會科報告被老師退回。「老師說我寫得亂七八糟，」他抱怨地說，「我花了好多時間在上面。現在我不知道該怎麼辦。」

媽媽回答：「我看過你用心在做。我了解你失望的情緒。」肯尼說：「我覺得無論做什麼，老師都不接納我。」媽媽回答：「她的作法讓你洩氣。我真是遺憾。」肯尼振作地說：「或許我該再試一次。」他走進房間做作業。

在這件事裡，媽媽幫了大忙。她沒有因為作業被退回而責備兒子或老師。她沒有說：「你為什麼不好好做作業？你現在已經上五年級了，不再是小孩子。你如果少玩耍、多用功，就不會有麻煩了。」她的取代辦法是用機智與憐憫去了解兒子的處境，她的心理支持使得肯尼願意再做一次作業。

第二次機會

十二歲的碧爾和他的朋友麥可一向是班上的搗蛋鬼。麥可被留級，碧爾吃了一驚。

碧爾（對媽媽說）：我再也受不了！老師打算整我，把我踢出去，像她對麥可那樣。

媽媽：怎麼回事？

碧爾：每天早上她都對我說：「我今天不要聽到你講話。」從來就沒有老師像她這樣不肯叫我。她不信任我，也不接受我的改進。我問她為什麼這樣待我。她回我一個不屑的表情，然後走出教室。我覺得她永遠不會改變。我沒有機會了，即使一個有前科的犯人都有第二次機會啊！

媽媽：你的處境很氣人。我會全力關切這件事。我需要時間想辦法解決這個難題。

碧爾：讓我們用溫和的辦法來解決。

媽媽：如果你肯，可以用比較強烈的文辭寫下來。

碧爾寫了下面的詩：

丁老師對我太卑鄙，
我希望她懸在樹上，下不了地。
假如她消失，我會有何感？
果真這樣，將是個痛快的奇境。
我會感到舒暢、快樂、又無忌。

媽媽：你確實強烈地表達了你的感受。你要相信爸爸和我會全心關切這件事。

媽媽的話和自己寫的詩減少了碧爾的怒氣，也疏散了他的緊張情緒。當爸爸回家時，碧爾向他稟告自己的問題，全家共同決定採取一個行動，由爸爸會見老師，跟老師討論如何重新建立老師與碧爾之間的友善關係。

一張差勁的成績單

十三歲的瑪麗接到一張成績單，成績單裡記載科學成績是丙等。瑪麗不滿地說：「這科原本應該是乙等，因為老師不喜歡我，才變成丙等。他根據自己對學生的印象打分數。」

媽媽回答說：「你真的覺得你應該得到乙等嗎？」瑪麗說：「那當然囉！」媽媽問：「要不要我去跟老師談，請他注意這件事呢？」

「不必，」瑪麗說，「我會自己設法過完這個學年。」

媽媽避開無用的爭執和不必要的會面。她沒有詢問刺激性的問題：「為什麼老師找上你？你一定做了什麼壞事惹他生氣。你到底做了什麼？」

當媽媽同情且施出援手時，瑪麗就為自己的生活負起責任。

對科學好奇

八歲的李斯德問老師科學問題，問到老師心煩。他向媽媽抱怨老師沒有耐心。他說：「我有好多事想搞清楚。譬如說，假如地球停止轉動，人類會摔出去嗎？會摔成碎片嗎？如果月亮距離太陽一千萬英哩，會不會結成冰？老師說：『別問這些笨問題。好奇心殺死貓。』我跟她說：『我好奇，但是我不是貓。她就對我發脾氣，叫我閉嘴。』」

媽媽回答說：「我看得出你對科學充滿無比的好奇。你問了重要的問題。你應該把這些問題寫下來。這裡有紙和筆，用書面去詢問。」李斯德寫下問題，接著再整齊地抄一遍。媽媽把它附在字條裡送去給老師，請她幫忙。

媽媽故意避免無用的解釋（「老師沒有時間回答這樣的問題，假如班上每個小朋友都這麼問，該怎麼辦？你太好奇，只想到自己。去做作業，這才是你的分內事。」）媽媽不批評，她用的是賞識，她支持好奇心而且將它導入正確的途徑。

有重點的面談

林恩是個各方面都優秀的模範生，但是她的代數成績並不好。有一次她請教老師如何學會代數。老師說：「別分析，用背的！」當他聽到林恩排演校內的戲劇，參加合唱團練習，還彈鋼琴時，他生氣地說：「你忙著每件事，只有數學例外。」他責備她，還請她的媽媽來開會。

老師（諷刺）：我猜林恩知道你要來開會，才突然開始有心上課。

媽媽（避免中計）：林恩的代數顯然需要加強輔導。你能推薦個家教給我們嗎？

老師：別浪費錢請家教。林恩可以找我幫忙。我雖然不是隨時有空，不過，只要她需要幫忙，她可以來找我。

媽媽：你在學校這麼忙，我想如果你能推薦個家教，我會很感激。這樣對林恩可能最有幫助。

老師：好吧！如果你想這樣的話。學代數要日積月累，她可能需要從頭開始。

媽媽：我相信你和家教會選擇最好的復習方法。

找到的家教是個大學女生。林恩喜歡她，她把數學合理化而且能夠連貫，林恩評論說：「她把許多地方連起來而且說得很有道理。她了解教材內容，而且確實願意幫助我。」

在這個情節裡，媽媽避開爭執。她沒有中計，也迴避老師的挑釁。她專注在尋求解決問題和幫助女兒的辦法。

改變態度

愛蓮：我討厭神話學。它跟我的生活無關。我就是討厭！那種東西既無聊又愚蠢。事實上，我打算向英文老師挑戰。我想知道我們為什麼要學希臘、羅馬和挪威的神話。

媽媽：我知道你對神話學有強烈的反感。

愛蓮：我猜，你以為總有一天我會看出神話與現實生活之間的關聯性，是不？

媽媽：是的。不過你現在對神話反感是可以體會的。

場景：三天後。

愛蓮：這是多麼迷人的科目啊！真美！

媽媽：親愛的，你說的是哪一科？

愛蓮：神話學。白老師說得真動人。優秀的老師可以確實指引學生學習。我分析過，神話與目前生活和時代之間的關聯性是屬於心理方面的。每個人物代表我們各種不同的情感和人際關係。

愛蓮紅光滿面又滔滔不絕地繼續對媽媽述說她所學到的所有超時空神話。

看到這裡，我們可以明白為什麼媽媽幫得上忙。她的話很少，沒有做任何解釋，也不為希臘神話辯護或觸犯女兒的心理。她不加批評地接受愛蓮的感受，相信女兒有能力學習和改變。

反映願望

十二歲的麥爾對媽媽抱怨社會科的艾老師。

麥爾：艾老師不改考卷、不檢查作業，也沒興趣聽我們討論。她是個性情乖僻的老女人。

媽媽：你不喜歡艾老師，是嗎？

麥爾：她很沈悶。

媽媽：你希望有個活潑的老師教你。

麥爾：我希望何老師教。他很棒！

媽媽：你希望在他的班上，是嗎？

麥爾：是的。除了艾老師的班以外，其他班我都喜歡。

媽媽：我懂。

這件事平靜而快速地結束。媽媽因為注意到兒子的感受和願望所以幫得上忙。她沒有為老師辯護或解釋情況。她避開陳腔濫調（「假如你真想學習，哪個老師教都一樣。」）麥爾不再多說，因為他覺得已經被人了解，這是兒童最常從父母那邊得到的。

一封給校長的信

八歲的愛美在分班時，被編給一位以嚴厲、冷酷和大嗓門出名的丁老師。愛美的爸爸寄一封信給校長：

親愛的許博士：

去年春天，我忍住衝動沒有打電話跟您約時間面談，因為我盡量不要當個愛干涉的家長。可是，由於我關懷小女的情緒與課業發展，這次我不得不與您聯絡。

今天我收到學校寄來的分班通知單，發現愛美被編到丁老師的班上。根據傳言，我認為這樣的安排對我的女兒不利。

在學校的前兩年，老師為她營造的環境使她樂於學習。去年，我看到她無心向學，因為老師沒有耐心、情緒上無法溝通，而且跟每個兒童的日常需要格格不入。假如我不向您要求轉到別班，我會覺得自己沒有盡到家長的責任。

我們感激您以往的合作。我們知道，學生的需要是您最重視的事。

盼望收到您的回音。

這封信產生了影響力，校長要求那位老師注意他在家長間的名聲。那位老師費心地改善自己的行為和形象。

給老師的兩封信

下面的信是一位八歲女孩寫給她的音樂老師的：

親愛的老師：

我的名字叫羅藕詩。我是您音樂班裡的學生。我認為您總是挑選希達擔任所有的獨唱，很不公平。因為別的學生也想有機會。有時您可以選我，我不是自誇，我的音感一直很準而且耳力和嗓音都很好。請您至少給我「一次」獨唱機會，可以嗎？

老師沒有表示收到她的信。他覺得這封信天真可愛，就把信傳給校長看而疏忽掉她的抱怨。一個月之後，羅藕詩的爸爸寫了一封信給老師（副本給校長）。

親愛的晏先生：

前不久，小女寫了一封信給您，說明一件困擾她的事。據我所知，您未曾以任何的方式回答她。我們教過孩子，在表達怨言時要有尊嚴和尊重。

即使一句非正式的回答，如「我已經收到你的信，我正在處理。」都能讓她知道經由正當途徑去解決問題是可行的。但是，毫無回應代表什麼意思？是否就是學生所抱怨的「他們跟校方溝通不了」呢？還是如小女說的：「爸爸，你看。這只不過在浪費時間。」

請讓我知道您對這件事的看法。

在此先行致謝。

羅藕詩的爸爸說：「那次後不久，晏老師給與回應。他讓小女在春季音樂會裡擔任獨唱。可是說來悲哀，他還是不曉得這件事的真正重點。」

「我恨她！我恨她！我恨她！」

志偉今年十六歲，身高有一百八十公分，他度過一次痛苦的經驗，如果不是他媽媽能幹地從中調停，這件事可能演變成大災難。

當志偉把英文作文交給老師時，老師草率地看了後說：「寫得這麼糟，怎麼打分數。」接著把那張作文紙揉成一團，扔進垃圾桶。志偉的腦袋一片空白，他憤怒地起身走向老師，不過，後來轉向門口，跑出教室，一口氣跑回家，總共跑了三英哩的路。回家後，他把課本一丟，大聲吶喊。

志偉：我恨她！我恨她！我恨她！

媽媽：到底發生了什麼事？什麼事讓你這麼生氣？

志偉：那個混蛋老師！她根本沒有看我的作文就把它揉成一團，扔進垃圾桶。

媽媽：真侮辱人！

志偉：這是謀殺啊！

媽媽：我敢說，你當時一定想去打她。

志偉（大吃一驚）：媽！你說什麼？

媽媽：我說，你一定想動用暴力，對嗎？

志偉：對，對，對！

他的怒氣消退，撿起地上的課本，上樓去。當他下樓時，心情已經平靜到可以回去學校。

著重解決之道

十歲的瑪麗被選為學校交響樂團的首席小提琴手。在赴音樂會途中，她被路邊石頭絆倒，手中的琴盒摔出去，把小提琴摔得支離破碎。瑪麗難過得欲哭無淚。「我太笨手笨腳了！」她哭著說，「我不能在這場音樂會裡演奏了，都是我的錯。」

「不幸的事情發生時，我們不能這樣子說話。」瑪麗的媽媽說，「現在不要責備自己，我們該想辦法解決。當前的問題是：『今晚我們如何找到另一把小提琴？』」瑪麗開口柔和地說：「音樂老師有一把多餘的琴放在音樂教室裡。」「這不就找到解決的辦法了嗎！」媽媽讚賞地說。

瑪麗和媽媽趕到音樂教室，向老師說明事情發生的經過。老師聽完後大叫道：「你把樂器摔壞？當初我們把小提琴交給你時，希望你小心保管。現在你卻把它摔壞。你要賠償！小提琴很貴！我不知道該不該再給你另一把！」

「老師，」瑪麗大聲說，「我們目前要以解決問題為重。明天我會賠你錢。這時候，我需要一把小提琴上音樂會。」

老師起先似乎愣了一下，過後，交給瑪麗一把小提琴。瑪麗迅速趕去後台調弦，以便及時演奏。

瑪麗的媽媽幫了個大忙。她教她一條最重要的心理健康原則：事情發展一旦出現差錯，有責任感的人不會把時間用在找人問罪，而會尋求解決辦法。

歷久猶存的教訓

誠如本章所示，學校一旦遏塞精神、擾亂心靈、壓抑情緒，就註定會失敗。不過只要有技巧，老師也可以像本章各篇短文中的家長那樣，跟兒童和平溝通而不發怒。老師可以改變自己的破壞性反應，學習以嶄新的方法提出批評、發洩怒氣、處理紀律和要求合作。我們雖然沒有一把萬能鑰匙可以打開每扇門，可是，總有開門的鑰匙。

湯瑪士・麥恩（Thomas Mann）說：「語言本身就是文明。」然而，語言能夠使人文明，也能叫人野蠻；能傷人也能療傷。老師和家長一樣需要具備體恤的語言——一種令人難以忘懷的可愛語言。他們的話語必須能夠傳遞情感、改變心情、誘導善意、啟發見解和散播尊重。世界對著心靈談話。老師若能親切地說話，他的話語就能深入人心。心靈靠微妙的事物滋長，如懇求的一瞥、確認的點頭和肯定的評語。教育把經驗轉化成價值。為了達到價值永恆不變，教育必須針對當前的經驗給與確實的幫助。

第八章　家庭作業

一個有效的辦法

家庭作業是件大事。老師花許多時間去指定和批改家庭作業。許多發生在教室裡的喜劇和悲劇大都繞著它轉。學生則為家庭作業編造謊言、抄襲他人、謊稱在上學途中丟了，或忘了帶來。

有所學校建立起處理家庭作業的有效程序。他們規定沒做或沒交作業的學生必須寫一封正式的信，說明哪些作業未做以及何時能交。他們不問學生為什麼，因為學生必然有他的理由。因此，學生不必勉強編造可信的藉口和令人心服的謊言。學校收到信後會將其歸檔，等作業補交完畢後才把信退給學生。於是，每位學生都得為自己的總帳負責：勤勞或不良的證據全由自己的手寫出。學生由此獲得改善自己紀錄的激勵與機會。

家長通常不知道如何幫助子女做作業。當他們收到老師傳來的通知單時，他們就生氣、吼叫、嘮叨和處罰。如何幫助子女做作業，是家長需要接受指導的地方。下面各篇短文說明處理家庭作業的有效方法。

尊重自律

家長如果能謹慎地不干涉子女的日常作業細節，日子會好過些。學校的指定功課是學生和老師的責任，像有位父親對兒子說的：「家庭作業對你來說，就像工作對我一樣——是個人的責任。」父母如果過於熱心地干預家庭作業與成績，可能會引起子女反彈，導致成績滑落到全班的谷底。父母的嘮叨和監視，如果阻礙到子女的自律，成績下跌就成為追求獨立自主的象徵。正如一位學生所說：「我的父母可以斷絕我的零用錢，不讓我看電視，卻止不住我成績下滑。」兒童如果完全按照媽媽的意思去做事，便永遠長不大。要到達成熟的境界，必須意識到自己是個單獨的個體，而且知道自己是個具有自我心靈的人。即使成人對他有所需求，也應該在影響一生的事務上，容許他發言與選擇，用這種方式支持孩子自律。

八歲的博思習慣拖延做家庭作業的時間，因此，爭執和叫罵是家常便飯。「博思，你有沒有做作業？你為什麼老是拖三拉四？你想被學校開除嗎？你真懶！整天只會看電視。」有一天，他媽媽改變策略，不再恫嚇，改讓他自由選擇。她說：「博思，你可以選擇放學後馬上做作業，或晚飯後、看電視以前做。你自行決定。」博思選擇飯後做作業。

喚起榮譽心

學校寄來一張通知單，指責十歲的艾文功課退步。爸爸的第一個反應是把兒子叫到面前，然後痛罵一頓：「兒子，你聽清楚！從現在起，你每天都得做作業，週末跟假日也不例外。今後不准看電影或電視，也不准拜訪朋友。我們家向來沒有文盲，你可不能率先破例。我會特別注意你用功了沒有。」

這句話以前已經講過好幾遍了。結局總是氣氛惡劣、父親火爆，加上兒子違抗。增加壓力只不過徒然增強反抗，造成艾文成為逃避與掩飾的老手。

這回，爸爸避開威脅與懲罰，改成激發兒子的榮譽感。他在單獨會談時，給艾文看老師的信，然後說：「兒子，我們很希望你能吸收知識。這個世界需要有能力的人，因為世界上仍然有許多問題等待解決。」艾文被爸爸的這番話和語氣感動。他說：「我保證會更加用功讀書。」

「家庭作業是你跟老師之間的事。」

十二歲的傑輝企圖唆使媽媽替他做作業。媽媽拒絕地說：「家庭作業是你的責任。」他的妹妹貝西則喜歡寫功課。然而，有天下午當媽媽禁止她出去玩時，她反抗地威脅道：「如果你不讓我去，我就不做功課。」傑輝搶在媽媽回答之前說：「家庭作業是你跟老師之間的事。」

燭光下

九歲的雷裘兒開始寫作業時，忽然停電。「我該怎麼辦？」她問媽媽，「這樣，我怎麼做得完功課呢？」媽媽叫她到廚房來。她點了幾根蠟燭，就在燭光下，媽媽煮飯，雷裘兒寫作業。當她做完作業時，媽媽說：「雖然光線不好，你仍然做完作業，這確實需要決心和毅力。在燭光下完成複雜的作業可不容易啊！」雷裘兒似乎在媽媽的眼前長大了。晚餐時，媽媽告訴爸爸，雷裘兒如何在停電時自己做作業。雷裘兒愉快地聆聽著，還為這段故事補上結論。她說：「當然囉！我是個有責任感的小孩嘛！」

「我討厭學校。」

包博衝進家門尖叫：「我討厭學校！老師指定太多家庭作業，我要退學。」媽媽建議他每天花一個小時做作業，包博聽了更加生氣，再次尖叫：「我要退學，別再囉嗦！」媽媽跟著氣憤地吼回去：「不管你做不做作業，你都得去上學！」包博持續地嚎啕大哭：「我再也不要做任何作業。我要退學！」

接著，媽媽靈機一動。她說：「兒子，我懂了！你的意思是說你實在討厭那個地方。」包博的眼睛一亮，同意地說：「是……是啊！」媽媽大膽地說：「我敢說，你巴不得校舍倒塌，磚塊碎得滿地。」包博迅速地回答說：「是的。」此時就像魔術般變化，他的怒氣消沈下來，走進房間去做功課。

丟了的作業

下面的故事描述一位媽媽改用有效的溝通取代無效的處罰，因此解決了一件持續很久的老問題。

九歲的戴偉習慣把學校的指定功課寫在一張張的紙上，寫完後總是放錯地方，所以他得花很多時間去找丟了的作業。媽媽氣憤之下，對他又吼叫又怒罵，又恫嚇又處罰，又攻擊又侮辱，戴偉卻仍然我行我素，惡行不改。媽媽決定改變策略，她在特別輕鬆的氣氛下跟戴偉溝通。

媽媽：戴偉，我看到你仍然不肯使用作業簿。我希望你用，我的意思是希望你有更多的時間去玩，不必浪費時間找一張張丟掉的小紙頭。

戴偉：我答應你，明天起我要用作業簿。

媽媽：那太好了。

戴偉：這話怎麼說？

媽媽：你既然說要用作業簿，我相信你一定會用，因為你是個守信用的人。

戴偉信手在作業簿上寫了幾個字，他說：「我給自己寫個備忘錄。」

輪到爸爸

在下面的故事裡，媽媽交由爸爸處理事務，以避免麻煩。她知道自己太生氣無法親自處理。

媽媽因為答應十歲的愛媛看完電視後才做功課而懊惱。因為，睡覺的時間到了，作業卻還沒有寫完。媽媽只好請爸爸去跟愛媛講話。

爸爸：睡覺的時間到了！

愛媛（生氣）：我非寫完作業不可！

她一邊這樣回答，一邊大幅度地旋轉座椅直到跌倒在地。愛媛抬頭望著爸爸，等著挨罵。爸爸卻伸手牽她，對她說：「乖乖，希望你沒有傷到自己。」當爸爸扶起她時，她又感激又愛戴地伸手環抱爸爸。

爸爸：再給你十分鐘寫完作業，然後你得準備上床睡覺。

愛媛：我先準備好上床，然後才用那十分鐘寫作業，行嗎？

爸爸：隨便你！

她用最短的時間做好準備，然後走進廚房，再抱爸爸一次，接著去把功課做完。十分鐘之後，她愉快而滿意地上床睡覺。

愛媛的媽媽沒有順其心意地發怒大鬧，對女兒與自己都有裨益。她抑制自己，不去直接干涉，而且知道太過生氣時，無法有效做事。

痛苦。

情感支持

十一歲的馬克正在閱讀一份科學雜誌，為學校要求的報告做準備。可是，他卻愈看愈

馬克：這整篇文章令人困惑，我怎麼看都看不懂。老師怎麼能期望我寫出連自己都看

不懂的報告呢？

爸爸：我看你已經明白科學文章並不容易看懂。這種文章經常寫得不清不楚。

馬克：是的。科學家應該學會如何直截了當地呈現事實。

馬克再把文章看一遍，然後才寫報告。

在這件事裡，爸爸的情感支持是成效的重點。他不維護科學或解釋情況，避開批評和忠告，譬如說：「你怎麼老是發牢騷呢？如果你仔細點看就會更了解。要看得懂一篇科學報告是要花點腦筋的。」

取而代之的是，這位父親稱讚兒子的觀察力並且認同那個作業的困難度。馬克覺得備受支持，所以情願地完成報告。

痛恨英文

小金拒絕翻閱英文課本。「我討厭這本書，」她說，「我要把它撕碎掉！」媽媽拿出一大張紙，折好，然後說：「假裝這是你的課本，讓我看你怎麼處理它。」小金憤怒地把那張紙撕成許多小碎片，然後交給媽媽。媽媽說：「我要在每片碎紙上寫字。你把這些字大聲地唸出來，並且簽名。」她寫出：「我討厭這本書。」「我憎恨這本書。」「我瞧不起這本書。」「我譴責這本書。」「我覺得它令人討厭。」「我覺得它叫人厭惡。」「我覺得它不入流。」「我覺得它使人嘔吐。」「它沒有樂趣。」「它不令人滿意。」「它沒有吸引力。」「它不叫人著迷。」小金唸出每個句子，笑得天翻地覆，還高高興興地簽名。

在這個故事裡，小金的媽媽鼓勵她讀書和享受讀書的樂趣。她使小金有安全感，敢表達自己的恐懼與忿怒。她接受真實狀態下的女兒，而且以美妙動人的方式傳達出她的接納。

承認的力量

十二歲的史登從房間衝出來，竭力地吼叫：「氣死人！數學老師指定二十四道連除題當家庭作業。我已經做了兩個多小時，還做不完。我再也不做了！這是個自由的國家，你們不能強迫我。」

一開始好像戰爭爆發一樣，然而卻巧妙地被媽媽轉成和平的對談。她沒有跟他爭辯，反而注意去聽，去了解他的處境。她說：「嗯……二十四道連除題，喔……既累又乏味，而且聽起來很困難。」史登停止怒吼。他說：「媽，這些作業的確滿難的，但是沒有那麼難。」於是他轉身回房去寫完功課。

這件事原本會輕易地發展成整天吵鬧不休。當時只要有一句沒有同情心的評語或反問，或搬出家長當年的求學史都足以點燃戰火。譬如說：

「你怎麼老是發牢騷？不是這件，就是那件。」

「你為什麼不跟你兄弟一樣？我從來沒有被他們煩過。他們都毫不埋怨地做家庭作業。」

「我在你這個年紀時，家庭作業比你多出十倍。」

壞成績

十三歲瑪莎的成績單上有兩科不及格。她為了分數跟老師爭吵，所以回家時悶悶不樂。通常，媽媽會說：「你到底期望什麼？你活該！你不夠用功。你應該多花點功夫做家庭作業。」

不過，媽媽已經知道要更有同情心。她知道當人快要淹死時，並不是教游泳的時機。媽媽說：「你感到失望嗎？」瑪莎同意地說：「是的。」媽媽柔和地回答：「我懂。」

一陣沈默之後，瑪莎又說：「下學期我會更加用功。」媽媽述說：「以前，我根本不肯相信女兒會自行負責學校的功課。我總是否定她的感受，批評她的行為，和歸咎她的動機。現在我知道要相信女兒是個有責任感和懂得安排的人。」

有挑戰性的作業

十二歲的羅倫思是個謹慎盡責的學生，可是他看到家庭作業就害怕。這種情緒不僅困擾他整個下午，還占據了該睡覺的時間。因此，他的日子籠罩著愁雲慘霧。他抓住地圖、書本、報紙，盡力拖延這個恐怖的時刻。怪的是，他一旦動手就能把作業寫得很好。媽媽苦口婆心地勸他早點把作業做完，晚上就自由了。她請求過、解釋過、也威脅過。她說：「那還不容易！你只要坐下、動手寫。你會那些功課，所以你一下子就能做完。這一點問題也沒有，你幹嘛要拖延？你沒有必要自討苦吃。如果你不改變作息習慣，我就把你送進寄宿學校。他們會教你自律。」

這些話一點用也沒有。

媽媽跟兒子的老師商量後改變策略。她不再告訴羅倫思說他的家庭作業有多容易，而是說：「你今天的功課挑戰性很高！看起來相當複雜又困難，幾乎無法了解。」羅倫思回答：「難不倒我，我的算術很棒。」媽媽回答：「我就在廚房，你寫完後講解給我聽。」

羅倫思在一個小時之內就做完作業，回到廚房。

又有一次，媽媽說：「我希望你沒有這麼多的作業，不必這麼用功，晚上就可以自由自在地看小說或電視。」

「那樣不錯，」羅倫思回答，「可是，我有許多功課要做，我要在數學和英文上繼續保持甲等。」

「好成績得來可真不容易啊！」媽媽回答。羅倫思面帶微笑，開始寫家庭作業。

新字

媽媽正在煮飯，十三歲的雅珊在一旁寫著家庭作業。「媽媽，『變故』這兩個字怎麼寫？還有，那是什麼意思？」她問。媽媽給與回答。兩分鐘後，雅珊又大叫：「媽！『無窮』這兩個字怎麼寫，還有，那又是什麼意思？」

媽媽正打算解釋時，突然覺得自己一直被女兒差遣。於是，她走到書架旁，挑了一本字典，然後把字典交給女兒。

接著一片沈靜。雅珊繼續自行做家庭作業。那天晚上吃飯時，雅珊說：「天啊！今天過得像『春分』。」媽媽迷惑地問：「那兩個字是什麼意思？」雅珊露齒而笑，她說：「嘻！媽，你不是想學新字嗎？你應該自己去查字典。」

「你說得對，」媽媽回答，「就這麼辦。」她翻閱字典，還大聲念出「新」字的意思。

誠實的字條

八歲的雷義忘了做家庭作業。他要求媽媽替他找個藉口。媽媽拒絕，她說：「你寫張字條向老師說明實情。我會在你的名字旁邊簽名，讓老師知道我曉得。人免不了有時會忘記事情。」

「媽，謝謝你。」雷義回答。他寫了字條，附上媽媽的簽名，然後滿意地去上學。

這件事原本可能會輕易地轉變成一場大紛爭，如果當時媽媽以慣常的反應說：「你為什麼沒做作業？別人都記得，為什麼你忘掉？你怎麼這麼糊裡糊塗。你最好謹慎一點！」

雷義的媽媽已經知道，處理危機的上策是幫助，不是說教。

媽媽的改進

費太太說：「學校寄來的通知單說我的兒子列寧（十六歲）英文成績不及格。我對這種消息的習慣反應是破口大罵、尖酸苛責、徹底地說他、數落他所有的過錯（「你從不看書、你看太多電視、你不夠用功等。」）他的失敗就等於是我的失敗。我一失望就大發雷霆，結果傷到他，也傷到自己。

這次我下定決心不再重蹈覆轍，做這些破壞關係的舉動。我要求列寧的爸爸幫助他。當列寧回家時，我隻字不提通知單的事。晚餐後，爸爸平靜地跟列寧談話，幫他想辦法度過這個難關。列寧似乎鬆了一口氣。他承認自己在功課上打混，也覺得自己絕對可以迎頭趕上。這是我們家第一次和平地談論家庭作業，而沒有變成一場沒完沒了的指控。」

彼此的心情

下面的簡短交談說明家長與青少年之間，能夠就家庭作業問題達到良好的溝通。

霏爾（十七歲）：我今天要很晚才睡覺。我必須做完社會學的報告。

爸爸：在天亮之前你有許多事要做，這個報告想必不容易完成。要不要來杯咖啡提神，幫你度過這一夜？

霏爾：謝謝爸爸。

這位父親說：「以前我會批評兒子說：『你為什麼還沒寫完報告？你整個禮拜都浪費了。你怎麼把每件事都拖到最後一分鐘才去做？』結局總是讓大家生氣又產生隔閡。現在我明白我的職責是在他沮喪時幫助他。」

正確的幫助

下面的母女對話說明家長幫助時要和藹而謹慎。

麗莎（十二歲）：媽，我們全班都必須寫一首詩給學校。我要寫的題目是「人不可貌相」。可是，我不知道該如何下筆。

媽媽：嗯……詩的開端不容易寫，不是嗎？

麗莎：好吧！我可以寫「別望著我，跟我說我是誰」。喔，不，等一下。我要加入「且在轉瞬間，跟我說我是誰」。你認為我應該寫「我是誰」或「我是什麼人」呢？

媽媽：你覺得哪個適當？

麗莎（想了片刻）：我想用「我是什麼人」。然後我或許接著寫「你如何知道內心的我是誰？我可能是……」這裡我想寫些我可能有的缺點。

媽媽：譬如什麼呢？

麗莎：譬如，自我中心、殘酷和小心眼等等。

媽媽：這些字眼都滿強烈的。

麗莎（寫著）：「或者，當你掀開我生命的蓋子……」

媽媽：「掀開我生命的蓋子！」好極了！有機會時，我可以借用這句話嗎？

麗莎：接著我想述說我可能有的長處。唉！我實在想不出適當的字眼。（媽媽沈默不語）我得查辭典！（一會兒她就拿到了）我查到了。溫柔、仁慈、和藹。再來，我希望結尾像這樣：「如果你認識我太匆促，就無法真正了解我。」這樣寫，你覺得好嗎？

媽媽：問題不在於這樣寫好不好，而是在你是否覺得它有詩意，以及文中是否表達出你想說的話。

麗莎：是啊！可是它好不好呢？

媽媽：你自己覺得怎樣？你是作者，應該憑你的直覺。

麗莎（想了一下）：嗯……。我認為我比較喜歡這樣：「你慢慢地了解我吧！或者根本你就不了解我。」

媽媽（朗誦整首詩，然後雙手環抱女兒）：這首詩深深地打動我。我的寶貝！抄一份給我，好嗎？

這首詩是：

別望著我，
且在轉瞬間，跟我說我是什麼人。
你如何知道內心的我是誰？

我可能是——
　自我中心
　殘酷
　小心眼
或者，當你掀開我生命的蓋子，
你可能發現我——
　溫柔
　仁慈
　和藹
慢慢地了解我吧！
或者根本你就不了解我。

這位媽媽能夠有所助益是因為她避開直接幫助。她沒有輕忽工作的難度（「只要你一起頭就容易了。」）也未建議題目、用字或排行。取而代之的是注意地聆聽以及給與讚賞的回應。她盡可能地鼓勵女兒信賴自己的詩人品味和藝術直覺。

援助：兒童的看法

十歲的史卡德有一大堆作業要做。他絞盡腦汁還是覺得很難，於是氣憤不已。「我討厭老師！」他大叫，「我不要做作業了。」「你必須做一大堆的作業，是嗎？」媽媽知道情況後就不再多言。兩小時後，史卡德做完作業，他說：「媽，謝謝你幫我做作業。」媽媽驚訝地問：「謝我什麼？」史卡德回答：「你幫了我，因為你沒有火上加油使我更生氣。」

通常，關心的大人所能給與兒童的最佳援助，就是減少或化解他的怒氣。

個人的責任

老師不應該鼓勵家長過分參與子女的家庭作業。家庭作業是學生的責任，家長一旦介入就掉入陷阱。再者，家庭作業可能成為子女懲罰、利用和煩擾父母的武器。家長如果對子女的作業細節不過分關注，就能省卻許多不必要的麻煩。最好是明確地告訴他：「家庭作業對你來說，就像工作對我一樣——是一種個人的責任。」

家庭作業的主要意義是給兒童身體力行的經驗，在一定的限度內允許他們自由選擇做作業的時間和控制時間的長短。家長如果一再提醒、嘮叨或催促，只會消減家庭作業的益處。

許多家長心甘情願地協助子女做功課。這種協助是危險的，因為子女會覺得：「要是親自做，一定做不來。」所以，家長最好給與間接的幫助，像準備一張合適的桌子、良好的光線、參考書等，而且不要在中途用差遣、談話或批評去打擾。有的學生要一面咬鉛筆、抓頭髮或搖動椅子，功課才做得好。此時最好不要批評他們行為失態或提醒他們愛惜家具。批評性質的語言會干擾做功課的情緒。家長維持幕後工作，給與舒適與支持，不要自告奮勇教導或主動協助。家長可以偶而表明立場，讓子女知道，他們的援助是慷慨大方卻必須合情合理的。做父母的要聆聽，但不要開口傳授；他們為子女指點迷津，但是期望子女自己達到目的。

第九章　誘導的故事

低成就的原因

有則故事說，有個醉漢撞到一根停車號誌桿。他頭昏眼花，迷迷糊糊地退了幾步，然後朝著同樣的方向前進。結果，他還是撞上同一根號誌桿。他退了幾步，等了一會兒，接著再度向前走，又同樣再撞到那根桿子，於是，他垂頭喪氣地抱住號誌桿說：「真沒辦法，我被圍住了，四面八方都走不通。」

「低成就」的學生有類似的情況：任何障礙對他們而言，就像那根閃不開的停車號誌桿，只能抱住或依靠它來支撐自己。讚美對低成就者起不了作用。在他的眼裡，自己一無是處。任何人告訴他：「你聰明伶俐，一定能做得很好。」結果只會落得自討沒趣而不了了之。這種孩子的邏輯是：「只有愚蠢或不誠實的人才會說我聰明。」如果想用下面的話去激起低成就者的良知或自尊也一樣註定失敗。

「像你這樣有潛能又有才華的男孩，如果肯做，一定可以出人頭地。」

「你怎麼可以糟蹋上天給你的才華？」

「你想一輩子當乞丐嗎？」

我們可以誘導兒童學習，就像吸引魚兒上鈎一樣，不過，不要用羞辱的手段逼他用功。如果逼他們學習，他們會想盡辦法在學校打混，拒絕吸收知識。下面的證詞是一位高中生說的，他印證了這個道理。

「瞞過老師並不難。如果你假裝用功讀書，不找他們麻煩，他們會讓你過得好好的。我早就是這場遊戲的高手。我推想的到，惹老師生氣的行為，就是觸犯基本規定和偷懶。因此，我準時到校，不問困難的問題，而且彬彬有禮。還有，當然我從未被抓到偷懶。

放學回家途中，校長叫住我，問我一個幼稚的問題：『你今天在學校裡做了些什麼？』我本來要老實告訴他說：

『我巴結了英文老師。』

『我假裝喜歡社會學。』

『上數學課時，我偷看漫畫書。』

『我在理化考試裡作弊。』

『我在下課時間做家庭作業。』

『上西班牙文時，我傳字條給女朋友。』

但是我卻回答：『今天忙了一天。』他滿意地微笑。」

下面是一位心思細膩的學生與音樂老師的對話。她坦白地說出什麼能誘導她學習，而什麼會妨礙學習。

包妮（十八歲）：我所受的這十二年學校教育大部分都跟我的興趣無關，可說是在浪費時間。我們既要背課文又要識相討好老師，我們的生活一點樂趣都沒有。就拿我們這個資優班來說，幾乎全在玩數字比賽，例如累積成績分數，再來，把分數加起來後除一除。誰會把這種爭名次的比賽放在心上？上學最重要的事是參加課外活動，像編校刊、參加辯論社和上音樂課。

老師：音樂對你來說很重要，是嗎？

包妮：是的。音樂是我生活中的一部分。我必須為此向您致謝。即使我糊裡糊塗地犯錯，您也不會令我尷尬或讓我覺得自己像個白癡。您的教學方法棒極了。

老師：你喜歡的是別人告訴你如何改進，而不是在那邊打分數。

包妮：我一輩子都在被人評估或打分數。你要知道，我很清楚自己何時在混，何時在用功讀書，因此根本不需要別人來告訴我。

誘導的箴言

老師經常請教心理學家如何誘導學生學習。答案是：使他們安心地承擔失敗的危險。學習的主要障礙是恐懼：害怕失敗、害怕被人批評、也害怕顯得愚蠢。有效率的老師容許學生犯錯而不去處罰他們。去除恐懼就能引人嘗試；歡迎過錯就是鼓勵學習。

有位老師為了誘導學生學習，他鼓勵全班討論失敗在生活中的意義。學生說出自己對失敗的恐懼和丟臉的痛苦。討論結束後，師生一起歸納出一套誘導的座右銘，用來引導學生的生活和學習。座右銘的條文明顯地張貼在前面的布告欄上。

1. 在這個班上，容許犯錯。
2. 錯誤並不可怕。
3. 犯錯就是教訓。
4. 你可以犯錯，但是不能知過不改，或找藉口推諉。
5. 知錯能改，善莫大焉。
6. 珍惜前車之鑑，不重蹈覆轍。

7.不把失敗放在心上。

減少恐懼

有位老師在開學的第一週寄信給全班每一位學生。信上寫著：「我有一件事情需要你們合作。我想鼓勵大家上課時踴躍回答問題。可是，我注意到有的學生怕回答。他們害怕答錯被人取笑。我需要大家高抬貴手，千萬不要因為別人答錯就嘲笑或作弄他。我不允許在我的班上使用語言或動作，明說或暗指『你是個笨蛋』，因為這樣做會傷害同學之間的感情和阻礙進步。我希望大家不要攻擊別人而是改口說：『我有別的答案。』」

這封信雖然是寄給學生的，但是也可以讓家長過目。信中傳達這位老師的理念，也提醒他們遵守規則。學生一旦犯規就會收到一張備忘錄，也就是這封信。

有位英文老師為了避免學生害怕拼錯字，她告訴學生：「不熟悉的字很難拼對。如果你們遇到寫不出來的難字，你們可以只寫開頭的子音，然後在子音後面畫一條橫線。我會根據線索和上下文看出你們需要什麼字，然後在批改作業時，幫你們把字加進去。」結果，學生寫出許多有創意的故事、詩和信函。

有所學校為了減輕學生對考試產生恐懼而制定下面的程序：考試前給學生題庫，考試內容就以這些題目為主，再加幾條新問題。結果，學生喜歡這個辦法。因為事先知道考題可以減少焦慮。他們因為知道該念些什麼而更努力以赴，也就記得更多。

重視過程

誘導就是使人相信過程與結局同等重要。六歲的牛頓在黑板上寫出：

8-4 = 8
7-3 = 7
6-2 = 6

老師絲毫不責備地說：「告訴我，你怎麼算出這些答案。我對解決問題的過程感到興趣。」

「我是這樣求得答案的。」牛頓一邊解釋，一邊示範演算過程如下：

8 去掉 4 是 8-~~4~~ = 8
7 去掉 3 是 7-~~3~~ = 7
6 去掉 2 是 6-~~2~~ = 6

老師聽到這麼鮮的解釋不覺莞爾。牛頓的這番話給了她線索，讓她知道問題癥結所在。他比較容易拘泥於字面上的意思。他需要幫助的地方是減法練習和認識符號。老師先向牛頓致謝，感謝他願意透露自己的思考程序，然後教他一種更方便的減法。

不是天才

家長和老師有時因為說了聽似仁慈的話，而打擊了兒童的上進心。他們對功課不良的學生說：「我們知道你不是天才，所以不期望出現奇蹟。我們只要求你盡力而為。如果你能升級，我們就心滿意足了。」

這種話不可能使學生用功讀書。即使他全力以赴，所獲得的也只不過是一句侮辱人的「過關」。如果他努力過卻仍然不及格，結果是公認的「愚蠢」（「我連最低標準都達不到。」）這個小孩可能就此自作聰明地下結論認為：「不用功比較安全。」

比較能誘導學生的做法是明確地告訴他們：「我們期望你有學問。學習不是一蹴可幾的，它需要努力和決心。我們期望你做到這些。」

「試試看，不難嘛！」

賈基在一齣電視連續劇（度蜜月的人）裡對他太太說：「愛麗，你沒有分量，你沒用！我才是老闆。」「好極了！」愛麗回答，「你這個『沒有用』的老闆。」

當一個學生某科念不好時，告訴他說：「試試看，不難嘛！」他會用類似的邏輯想：「好極了！即使我盡最大的努力去用功，頂多只證明我會做容易的事。萬一我用功了卻仍然考不及格，那真是丟臉，不就是承認自己愚蠢，連容易的事都學不來。」他的結論是努力只有壞處、沒有好處。下面的故事道出這種想法。

十一歲的羅傑做數學作業時遇到難題。

羅傑：我想我沒有心情做數學。

老師：我們總不能老是隨著情緒做事啊！來，我講解這題給你聽。其實，這題很容易，如果注意聽，就會懂。你是個聰明人啦！

羅傑的心神更加分散，課本不覺掉到地上。當他彎腰去撿時，不小心翻倒了椅子。

老師：你怎麼搞的？你有沒有在聽？專心點，好嗎？

羅傑：這題太難。

老師：不，不難。不過，如果你心不在焉，我就無法幫忙。你到底在幹什麼，做白日夢嗎？

羅傑：我沒做白日夢，我只是不懂這題。

老師：你沒在聽。你只要用心就不難。

老師的鼓勵使羅傑無法專心學習。當孩子聽到：「你很聰明，何況這題又不難。」他一定會用拒絕聽講的方式做自我防衛。他會自忖：「假如我用心聽卻聽不懂，大家不就都知道我笨了。」如果不理會老師，冒險性就小些，因此他認為：「如果我不去試就不會出醜丟臉。」

老師與其和學生的感覺鬥法，倒不如說：「心情不好時學不好數學，或許我可以幫點忙。」完全沒有必要批評學生的品性或智力。

難懂的代數

南諾的老師用心地講解代數題給他聽，說了半天他還是不懂，於是口出惡言：「很抱歉！我只能講到這裡為止。人要有智慧才懂得了代數。」南諾傷心又氣憤地回到座位。

當學生聽不懂時，我們該歸咎於自己的教法而不是怪罪學生智力不足。如果老師能說：「我無法將這個問題說到你懂。我們換個方式試試看，好嗎？」如此就能避免難堪，也能不用爭執就誘導學生盡力學習。

要求自主

十歲的佳穎跟老師說：「我的父母要去歐洲一個月。現在我總算可以自己做主了。」

老師：因為你的父母不在，你才做得了主嗎？

佳穎：是的。我討厭做他們吩咐的事情。好幾次，當我正要練習豎笛時，媽媽就大叫說：「佳穎，你還沒開始練呀！現在該練習吹豎笛了。」因為她一喊，我就不想練習了。如果我照辦，我覺得好像是在為她做事，而不是出於自願。

老師：你喜歡獨立自主，是嗎？

佳穎：喔，當然囉！就算家庭作業也一樣。我從不覺得做作業是出於自願的，因為我老是被逼。

老師：你喜歡覺得那是你自己的事，而且你有權決定怎麼做，是嗎？

佳穎：是的。現在，我有一整個月的時間可以自動去練習吹豎笛和做功課，不用別人提醒。

高聲朗讀

雷瑪娜是個十歲的波多黎各女孩。老師指定她念幾句英文。她的聲音太小，讓人幾乎聽不到，而且有些字念不出來，最後終於念不下去，尷尬地用書遮住臉。老師說：「高聲朗讀英文並不容易。我們通常害怕念錯會被人取笑，所以站起來念書需要勇氣。雷瑪娜肯念，我們應該向她致謝。」隔天，又叫到雷瑪娜時，她站起來，放聲朗讀。這位老師因為站在雷瑪娜的立場說話才成功地誘導學生。他表現出他了解她的心情，而且故意避免無用的讚美和空洞的鼓勵（「你念得不差。下次念時，聲音放大一點。我們有時難免犯錯，所以不要害怕。」）這種說詞固然謹慎，卻沒有激勵作用。

受鼓勵的畫家

郭利福是個有天分的畫家，可是他總是在作品完成之前，就把它任意糟蹋或撕毀。老師知道唯有小心謹慎才能接近和幫助他，因此她在上美術課時，故意走過他的座位，對他說：「那個男孩看起來好像真的在跑，能夠畫出動作並不容易！」或說：「我欣賞那間房子的造型，你用的顏色正是我最喜歡的色彩。」

郭利福的笑容隨著每句評語逐次加深，同學也開始注意到他的獨特技巧。郭利福喜歡受人矚目和稱讚，他還興致勃勃地展示自己的作品。

鼓勵念書

喬伊的資料表記滿了不良的行為記錄：在地上爬、在教室內閒晃、毆打同學、擅自跑出教室等。他是個大男孩，卻因為閱讀能力差而被留級。他的新老師已接到警告，說他是個「頑劣」分子。

這位老師規定他每天念書給她聽。她的評語並非打分數，而是讚賞，如：

「我喜歡那個故事！」

「念得真精彩！」

「那些難字，你念得挺順的。」

「這本書真有趣！聽你念，我學到許多東西。」

喬伊的閱讀能力進步了，他的行為也跟著改善。他成為班上的正常學生。這位老師說：「喬伊的自尊心似乎就在我的眼前茁壯。」

鼓勵寫作

十六歲的詹雄交出的報告內容太簡短，老師既不責備也不警告地批道：「我覺得你的報告寫得有趣、緊湊、又簡明。可是當我看完後，覺得意猶未盡。」詹雄因此受到鼓勵而寫出更長的報告。

克服恐懼

十歲的戴安娜總是為說話課預備了精彩的節目（像木偶、致作者的一封信、創作的詩等），但是，她不敢站在全班面前與同學分享，所以只把素材擱在桌上自我欣賞，從來不肯主動開口。她的前任老師想經由否定感受的方式去減低她的恐懼感：「戴安娜，別傻了，沒什麼好怕的，沒有人會吃掉你。」戴安娜無動於衷，繼續保持沈默。

戴安娜的新老師有不同的辦法，她對戴安娜說：「我喜歡你寫給蘇博士的信，尤其喜愛描寫那隻戴高帽的滑稽貓的句子。我希望你能跟全班一起分享。」「我可不要站在那裡！」戴安娜抗議說。「站起來對著三十名同學說話是滿嚇人的，這點我知道。」老師回答，「這確實不容易。」

幾度這樣的交談後，戴安娜終於肯自動與人分享。她全身顫抖又僵硬，卻也很自豪。她的其他方面也開始有了進展。她的拼音進步了，而且開始敢在數學課裡發問。

用字條讚美

有位二年級老師不在學生的考卷上打分數而改用字條留言，如：「安妮，你的字寫得很整齊。」

「包博，你寫的每個字都拼音正確。」

「湯彌，這張算術考卷裡的每一題，你都答對了。」

「玖燕，我欣賞這幅畫的色彩。」

「琳達，我看到你會乘法了！」

「立德，很高興看到這樣的創新文章。」

結果，學生開始在自己的考卷上面或下方留言給老師。譬如：「我喜歡寫字功課。」「數學很棒！」「我喜歡拼音考試。」老師述說：「我用字條讚美，改變了學生做功課的態度。」

以認同誘導

十三歲的珍妮原本不願意學習彈鋼琴，所以拒絕上課和練習。換了新老師後，她的態度大幅改變。

下面是珍妮親自解釋動機和行為的轉變原因：

「我的第一任老師尖酸刻薄。『你的心跑哪裡去了？』她總是這樣喧嚷，『如果不專心，一定學不來。你的手怎麼這樣笨拙！』你想想看，她為人師表，談吐竟然如此！

自從來了新老師後，我進步許多。她真不可思議！譬如說，我彈『藍色狂想曲』時，音符彈錯、拍子也不對，老師對我說：『我真喜歡你對這首曲子的詮釋法。你的彈法有獨特的創意。現在讓我來示範一下這首曲子原本的彈法。』接著她坐下來彈正確的旋律給我聽。我從沒聽過這麼溫和的批評法。我自忖：『多麼棒的老師啊！』」

過程與風氣

本章各節強調過程在教育與誘導上的重要性，也就是說，老師的反應是學生學習的關鍵。然而，學校層出不窮的事件顯示，協調式溝通雖然必要，卻不是充分的學習條件。

《提升下階層》（*Up the Down Staircase*）的作者貝兒・柯夫曼（Bel Kaufman）在該書出版第六年後，回學校重執教鞭。她驚訝地發現學校的風氣與作風已經改變：學生在走廊上打劫、在樓梯間裡吸毒，還用刀子搶劫、勒索、襲擊和強暴。「在以前，不論學校有多麼『難纏』，工作多得教人吃不消，但是大家都有成就感。教書工作儘管乏味無聊、又笨拙，但仍然在進行，學生照樣在學。人人各守本分。當時，老師工作繁重，但不用擔心受怕。行政人員自大，但不狂妄。孩子『頑皮』，但不是罪犯。」柯夫曼語重心長地下結論說：「對於在都市長大的這一代忿怒兒童而言，我們那個時代的傳統學校是過時了。」

學校若有反抗學習的氣氛，班上風氣就是警告學生：「不可以合作、自動自發、配合老師、參與老師的計畫、完成指定的功課，或做家庭作業。」在這樣的學校裡，學生可能為了避免同學攻擊而有低成就的作為。他可能甘冒留級之險以免人緣不佳。雖然他內心有意學習，但是遇到活躍的反知識分子和大肆搞破壞的頑劣分子，他難免會受到影響。除非學校的氣氛與作風有急遽的改變，否則教與學在這種學校裡，根本無法進行。

個人的信條

我對誘導的看法可以用下面的故事總結說明：

有間窄小的閣樓失火了。消防隊趕來營救時，發現裡面有個人正在沈睡。消防隊員努力抬他下樓，可是卻辦不到。他們想罷手時，隊長正好趕到，他說：「把他叫醒，他就會拯救自己。」

這個故事的道理很明確。學生如果無聊或沈睡，再好的救生員都救不了他。學生需要有人啟發他們的潛能，然後他們才會自救。

第十章　有益的方法與實例

教改的作用

老師們懷疑教改的作用，而且理直氣壯地認為：「年復一年，學校引進新的計畫。對一般民眾而言，每項計畫可能表示教育上的一次前進，然而對老師來說，……卻像是老調重彈……，在玩一場教育的遊戲。每個學區為教改歡呼，而那個改革卻已經在鄰近社區裡被認為無效，正打算放棄哩！」

教改立意在提升教育，然而績效卻有限。「在猶太人的學校更是如此。」有位評論家諷刺地解釋說，「當革新的教法在中產階級的小學裡行不通時，猶太人的幼稚園卻引進這種教法，這樣做是無法成功的，因為他們是在引進災難。本來，兒童需要經過三年的學校教育才會相信自己愚笨，現在受到聯邦政府的幫助，他們在幼稚園階段就相信了。」

教改的基礎如果建立在相信「量」的魔力上（更多的財力、更多的教師、更多的服務），結果只會事與願違、達不到目標。學生需要的以及老師做得到的是「質」，即教學的品質和尊嚴的平等。本章陳述的各種程序與實例，既不光怪陸離，也不聳人聽聞，但是它們能提高教學品質。

由誰來發問

傳統的主要教學法既牽強又不合邏輯：由知道課程內容的老師提出問題，來問不知道的學生。因此，有些學校顛倒這種荒謬的次序，以擺脫不合理的傳統作法。他們規定從一年級的學生開始，要學生發問。學生尋找問題，構成學習的一個主要部分。這個辦法起初著重在學生提出問題的數量，後來轉到問題的品質。

有位老師為了誘導學生提出問題而引進一種遊戲：他帶了一個黑色的公事包進教室，告訴學生裡面有一台小型電腦能回答任何問題。他說：「你們想問什麼問題？」結果問題紛至沓來：

「我何時出生的？」

「我媽媽的娘家姓什麼？」

「我們應該如何處理越南問題？」

「為什麼大人總是對青少年發脾氣？」

「為什麼我們不能給自己評定在校的成績？」

「如果每個人都製造氫彈，會不會有一天有人丟出一顆呢？」

「假如愛不存在，為什麼我跟我的男朋友在一起時覺得很棒？」

「從聖克羅西到舊金山有多少英哩？」

然後老師告訴全班，電腦太貴重，不能用在回答已經知道答案的問題上。學生們只好篩選自己列出的問題和刪除某些問題（如，「我何時出生的？」）至於問題如「我們應該如何處理越南問題？」「我們」該怎麼定義？「應該」又該怎麼定義？是「道義上的應該」，還是「政治上的應該」？對於問題如「從聖克羅西到舊金山有多少英哩？」這「英哩」指的是什麼？是「飛航的英哩」？還是「船運的英哩」？學生們馬上明白老師的公事包裡並沒有所謂的萬能電腦。不過，他們仍想玩這種「黑色公事包」遊戲，而且堅持每堂課都要拿出來。

聽話遊戲

有所學校為了訓練學生聆聽而制定一種辦法：每隔一天，學生必須參加一個小時的討論會，發表他們覺得最重要的個人或社會問題。這種討論會有一項不尋常的規則，規定每個人發言以前，必須重複說出上位發言人的談話重點，直到這個人滿意為止。這條規則看起來簡單，實行起來卻不容易。事實上，這是集體溝通的重點，規定每個發言人注意別人的話語及感受，進入他的心境和了解他的看法。當師生經歷這個過程後，奇妙的改變發生了。他們變得說得少、聽得多，而且由設身處地的領會中獲益良多。

停止批評

老師的評語會阻礙學生學習。為了減少使用這種語言的次數，有一所學校實施一種辦法：每週一天，要求老師記下他使用在學生身上的形容詞數目。由於這個辦法的目標是在說服老師停止批評，所以正負面的評語都算數。算出後，由老師自己或老師指定的人員負責統計總數。有的老師還用上錄音機。他們從此注意到自己的語言裡，包含多少批評式的形容詞，如：對錯好壞、聰明愚蠢、整潔邋遢、伶俐笨拙、美醜等。有兩位老師錄下自己的談話，他們說出下列的痛苦感受：

「儘管我的用意良好，當我聽到自己對學生說出那種傷人的話時，我驚訝得想關掉錄音機。我覺得那些話跟我的理念不合。我驚訝地發現，一卷錄音帶就足以使我貶低對自己身為教員的看法，並且重估我作為老師所用的策略。」

「聽完一個小時自己所說的話後，我覺得沮喪。我不敢相信講話的人是我自己，因為這些話裡語氣諷刺、聲調刺耳、評語尖酸。我決定重新檢討自己與學生溝通的品質，找出一些毛病，如，隱含的侮辱、可惡的比較、虛偽的讚賞，及評斷的語氣。」

重要的信函

為了減少學生的內心憤慨，有一所學校引用這個新辦法：要求學生每天寫一封信交給老師，發表最近令他們生氣的人或事。他們可以盡情發揮、隨心書寫。這種辦法可以幫助老師了解學生的感受，也能防患未然和施與情緒上的急救。

有位老師不出作文題目給學生。他請學生寫信給他，談論他們感受最強烈的任何事情。這位老師把學生寫的信看成私密，而且給與詳細的答覆。

這種個人式溝通對學生有明顯的衝擊。他們在信中透露自己害怕被人拒絕，談到友情的脆弱，探討性行為、宗教與道德、財務問題、個性與品格、未來的工作與教育計畫。有趣的是，學生的文法和拼字現在不必經過修改就自動進步了。

資料指南

為了凸顯每個學生的長處，有位老師編製了一本班上同學專長指南。任何人有代數問題、體育課投籃問題，或造船問題需要別人幫忙時，可以翻閱這本指南找到家教。這種辦法鼓勵互助合作，而且幫助同學在聲望與影響力上相互交流。

讓低成就者當小老師

當低成就的學生有機會當上小老師時，功課會因此而進步。一位有閱讀問題的六年級學生能夠把跟他有同樣問題的低年級學生教懂，因為他了解這個學生的缺點，也因為他有耐心和同情心去教。事實上，在傳授的過程裡受益最大的是助人的人，因為他受到誘導而力求表現，結果自己學會了閱讀。此外，他也從中體會到被人需要和做個有用的人的這種寶貴經驗。

密西根大學有個由社會學家所組成的團體，領導人是朗諾與珮姬‧李琵（Ronald and Peggy Lippit）。他們實驗各種訓練學生當小老師的方法。這個實驗在底特律郊區及市中心的學校進行。在這個實驗裡，有三十名高中生自願對初中生做課業輔導，三十名初中生到小學裡工作，三十五名小學六年級的學生自願教一、二年級的學生。他們輔導的項目是閱讀、作文、拼音、算術、體育、購物和郊遊。

小老師在每週固定的會議裡接受在職訓練。他們聽有經驗的小老師所錄下的帶子，得知不同的學習問題，並且學會與小朋友溝通的技巧。每位小老師也跟老師討論他們的輔導對象。結果顯示，這些小老師在輔導別人的過程中，學會了社交技巧，也增進了學業能力。他們知道如何對小朋友說話，自己也趕上課業的差距。就如同一位老師所說：「從輔導方案回來的學生，有更強的意願去做自己的功課。這種方案增進他們的自尊與自信。」

朗諾和珮姬．李琵報導說：「低年級的學生從不同年齡的輔導方案中，獲得相當的利益。他們從輔導員那邊獲得鼓勵而發奮圖強，不會放棄……因為高年級的學生在意他們的表現。他們是教學技術遊戲裡的夥伴。他們的幫助符合低年級學生的需求，因為他們使低年級學生看到自己的成就與重要性。老師認為受過輔導的學生增進了自尊與自信，而且覺得參與這個方案很榮幸。」

結伴學習

有的學校允許兩個學生結伴做家庭作業、參加考試和分享同樣的成績。結果顯示，結伴學習的學生成績比以前各自學習時的成績還優秀。這種辦法對低成就的學生特別有效，他們不再故意失敗，不像往常習慣用這種辦法來保護自尊。在結伴制度裡，他們敢冒險，因此體會到成功。結伴學習的學生同時擔任老師和學生、施者和受者這雙重角色。每個學生可以不用害怕地反省自己的表現，不受懲罰地改正自己的過錯。

讓學生參與計畫

許多學校已經承認學生有權參與機構的管理。有一所學校成立了學生顧問委員會，每週會見校長，提供有關課程、活動和影響學生作息的種種意見。校長藉由會議告訴學生當前的問題，並與他們共商未來的計畫。有位委員說：「我們覺得每個人對教育都有影響力。現在，對於校務，我們有了發言的餘地。」

某所學校學生成立一個「理想的學校社區」，指定學生擔任教員、行政人員、校董和督學。每個被指定的學生都要研究如何在實際情況下發揮角色功能。經過六個月的探討以後，學生向家長、老師及社區發表他們的心得與結論。他們建議：

1. 給與老師更多決定如何教學的自由。
2. 開設更多關於人類與社會的課程。

3.多辦討論、閱讀和寫作活動；減少背書、考試和交報告。
4.學生要更主動找老師交談；有更多的學生社團；請學生擔任研討會主講人或主席。
5.舉行面對面的師生會談，目的在評估與提出建設性的批評。

家長介入學校

有一所私立小學鼓勵家長每月抽出一天到子女的教室擔任老師的助理。這個辦法成效良好。家長親眼看到老師教導一大群學生必然會面臨的困難，結果使得家長對老師的態度好轉。孩子們喜歡父母來學校；老師也更用心在家準備教材。在上課時講話減少了，而且避免了不必要的衝突。

老師的助手

應付教室中每天的日常所需會破壞教學工作。光是應付這些瑣瑣碎碎的例行工作，就會讓人如溺水似的窒息。一位小學老師在一天之內，至少有上千次與人互動的機會。這些接觸即使愉悅，也夠人累壞。這些事在教室的緊張氣氛中，一件緊跟著一件發生時，真叫老師精疲力盡。舉個例子，有位老師在開始上課的十五分鐘內說了以下五十句話。

「全班整齊排隊。」
「站直。」
「牽旁邊同學的手。」
「拿好你的課本。」
「跟隨隊伍前進。」
「打開教室的門。」
「最後進門的同學，請關門。」
「男生，走到你們的位子上。」
「女生，走到你們的位子上。」
「拉出椅子。」
「男生，掛好外套。」
「女生，掛好外套。」
「看管衣櫃的同學，請關上門。」
「把便當收好。」
「站起來向國旗致敬。」

「管國旗的同學，請站出來。」
「全班，坐下。」
「清理桌面。」
「拿出家庭作業。」
「女生，把鉛筆削好。」
「男生，把鉛筆削好。」
「把你們的作業傳到前面。」
「班長，請點名。」
「照顧盆栽的同學，請澆水。」
「喬瑟，請餵一下天竺鼠。」
「各位同學，請注意聽學校在宣布什麼事。」
「傑輝，把出席表拿去大辦公室。」
「開始閱讀之前，想上廁所的同學請排隊。」
「準備好，我們要開始閱讀。」
「請到你的閱讀組集合。」

「第一和第二組的同學，請做寫在黑板上的功課。」
「第三組的同學，請坐到教室後面。」
「請翻到第三十四頁。」
「請坐直。」
「不可以踢你旁邊的同學。」
「把課本擺好。」
「不要看錯地方。」
「自己念一次。」
「現在，念大聲點。」
「珍妮，不可以打邁克。」
「麗詩，不要做白日夢，開始念書囉！」
「傑米，注意你的功課。」
「宗翰，翻到正確的頁數去。」
「諾拉，用衛生紙，不要用袖子擦。」
「堯治，聲音放小一點。」

「堯治，回去你的位子。」

「請安靜下來。」

許多學校不讓老師處理例行工作和整理雜務，藉以增進老師的教學效率。所有與教學無關的雜務一律交由助教處理。助教可以要求班上的幹部幫忙：

檢查出席人數。

收取牛奶費、午餐費和雜費。

分發牛奶、吸管和餅乾。

開關教室的門窗。

調整窗簾。

在必要時，開關電燈。

保持衣櫃的整齊。

清潔黑板與板擦。

注意紙張的數量與秩序。

分發或收集鉛筆與蠟筆。

分發或收集考卷。

維持科學實驗桌的整潔。
維持書籍展覽桌的整潔。
維持美術桌的整潔（添加紙張、調配顏料、清洗用具。）
給花草澆水。
餵鳥、動物或魚。
清洗鳥籠和水箱。
保持音響設備正常運作。
從視聽教室領取或退還音響用品。
分發或收回天氣不佳時，所使用的室內運動器材。
在老師忙碌時，幫忙接電話。
指導向國旗敬禮的練習。
送出家長會的通知單。
接待訪客進教室。
幫助新生熟悉學校作息。
管理布告欄：把照片、圖釘及文件放入正確的檔案裡。

聽候差遣。
領取課本。
收取給紅十字會的樂捐。
發午餐證。
進行每日健康與儀表檢查。
保管健康記錄。
為家長會舉辦的義賣活動收集衣物。
更換乘車證。
清點圖書館的藏書。

老師的助理和班級幹部就能周全地做好這些例行工作，有的助理也能以個別或小組方式教導學生。他們節省了老師的時間和精力，也營造出有利的教學情境。

實用的改革法

本章敘述的實例與方法都能促進教學與學習的效率，並不需要學校在人事或預算上做革命性的改變。所有這些改革方法都是實際且隨時可用的。這些程序使老師免除許多消耗精神的雜務，增強學生對自己能力的信念，也改進了師生之間的溝通。

第十一章　成人的對峙

本章討論的對象是教育兒童的成人，包括家長、老師和行政人員，文中敘述他們在開會或起衝突時，相互對峙的情形，但是著重在溝通。良好的溝通一旦獲致，就像學會一種外國語言，即能得心應手地運用在日常生活裡，以化解煩惱、平息憤怒、減少紛爭，和維持正義。

跟家長會談時

當老師對家長談到子女時，無可避免地會闖進這家人的夢想。對家長而言，孩子可能代表美好未來的憧憬和最終的希望。他們可能希望子女榮宗耀祖，在社會上爭取一席之地，不致默默無聞。老師對學生的評語卻觸動深處的感受與隱藏的夢幻。細心的老師知道自己所說的話具有衝擊力，因此刻意避開某些評語，以免無意中打破美夢。

最佳情況

什麼是家長與老師會談的最佳情況？答案是：一處安靜、不受打擾的角落，和一位聆聽的老師。見面時彼此交談的對話，或許事後就會忘記，可是會面的氣氛卻會歷久猶存，而且就此決定家長的後續態度與行動。最容易破壞會談氣氛的事，莫過於被電話、祕書或同事打擾。這等於告訴等候的家長：你的事並不重要，我有更緊急的事要辦。這時我們應該知道，電話可以稍後再打，門上掛個「開會中」的牌子可以避開許多人前來打擾。對於堅持只要說一下子的人，我們可以告訴他：「我一有空，會馬上見你。」

不適當的假設

有的老師在會談時傾向於自以為是。他們說些個人的經驗，暗示自己可以當別人的模範。可是，家長可能會厭惡這種假設。「我又不是你，」一位母親也許會自忖：「我的情況跟你不同。如果你了解情況就不會說這種話。」即使家長直接問：「如果你是我，你會如何處理？」這時老師應該尊重個人獨特之處，不要太輕易假設別人的處境。我們可以間接引用自己的經驗說：「有人已經發現這樣做有用……不過，你認為如何？這樣子是否適合你的情況？」假如老師說：「我了解你的感受，如果我是你，我會……」這種預測會讓人反彈，引起家長正面頂撞，向老師證明他沒有真正了解情況。

老師不可以對家長說教，道德訓話是不合時宜的。它會引起焦慮和不滿，打斷誠實的自白，造成虛偽的結果。例如：

老師：你無法抽出半小時來協助孩子做功課嗎？他是你的孩子耶。何況他又不是永遠長不大，老是要你幫忙。

家長：我會試試看。不過，我實在不知道何時有空。我是個職業婦女啊！

老師：你要為孩子著想，我知道你會找出時間的。

引發焦慮與罪惡感並不是老師分內的職責。

忠告

人們經常喜歡向人請教，而結果只是向給與忠告的人證明，他的建言沒用，當家長要老師直接給忠告時，老師可以婉轉拒絕。一位有經驗的老師對這個問題提出最佳的忠告：「無論何時，我盡可能避免告訴家長該做什麼，或不該做什麼。即使他們請求我，我還是不立即給與回答。我試著找出他們對事情的看法以及他們已經想到的變通方法。我鼓勵他們說出內心的恐懼和希望，坦誠說出自己的看法，並且要他們下定主意。」家長只有在做完「情緒上的家庭功課」，完全表達了自己和充分地被了解後，忠告才能發揮效用。當家長得到尊重與了解時，通常他們自己提出的辦法，正是打算從老師那裡尋求的忠告。有位老師說：「我給家長的忠告一直都是試探性質的。我從來不催促或哄騙。我一方面給與建議，一方面觀察他們的反應。我試著說出他們的期望與疑慮。」

有益的對話

下面的對話是老師與家長之間溝通良好的範例：

呂太太：我們黛莉被錄取了，今年秋天她即將進入資優班。我們全家都非常興奮。不過，這意味她必須要出遠門。

老師：喔……。

呂太太：你認為我們應該讓她去嗎？

老師：你覺得呢？

呂太太：我不知道黛莉進新學校後會有什麼反應。

老師：你顧慮她的適應問題嗎？黛莉對這件事覺得怎樣？

呂太太：我們還沒有告訴她。爸爸認為如果她知道了，會太過自大。你認為我們應該讓她去嗎？

老師：請告訴我，你的意見如何？

呂太太：假如她留在原校，要上普通的課程，而且將來不能轉學。

老師：如果她上了資優學校後感到不滿，可以回來這所學校嗎？

呂太太：可以。（停了一下）你認為我們應該告訴黛莉嗎？她會不會變得太自大？

老師：小孩子聽到關於自己的好消息都會很高興。

呂太太：那我就告訴她好了。謝謝你幫了大忙。

平息怒氣

下面的事件是一位老師幫助一位母親解除她對學校的怒氣。

珍珠的媽媽氣沖沖地來到學校。她滔滔不絕地說體育老師侮辱她的女兒。珍珠的級任導師專心聽完她的話，然後說：「你的日子真不好過耶。」「是嘛！」這位媽媽說，「我可沒有誇張。」老師說：「你要照顧三個活蹦亂跳的孩子已經不容易，還得全天上班工作。」「你說的沒錯，」媽媽說，「珍珠是個很溫順的孩子。她喜歡在你的班上念書。這就是她今年都沒缺席的原因。」「我很喜歡她呀！」老師回答，「我也很高興我們有機會碰面。」

這位老師能幫上忙，因為她沒有問些無意義的話，像誰對誰說了些什麼。取而代之的是，給氣急敗壞的母親情緒上的急救。她聆聽她所說的話，而且反映她的心情。當那位母親感到被人接受與了解時，她的怨懟也就煙消雲散了。

帶來希望的字條

家長經常問老師：「我的小孩有什麼不對嗎？」懂得世故的老師不會回答這樣子的問題。他不會說：「好吧！既然你問了，我就跟你說，你的兒子懶惰、邋遢、不聽話、又不負責任。」或「你的女兒個性害羞、沒有安全感、運動能力很差。」老師永遠不可以用批評的方式講話。他絕對不會舉出學生個性或品格上的特點，也絕對不會盯住過去的錯誤行為：「傑米從不準時到校，不做家庭作業，筆記本髒兮兮，而且時常跟別人打架。」一個能夠幫助學生的老師會具體地說出需要改進的地方。

「傑米需要改進的地方是準時到校、在家裡做算術、保持筆記本乾淨，和學會用語言解決爭端。」

阿爾的媽媽跟老師面談回來後，十二歲的阿爾問她：「老師對你說了我什麼？」媽媽回答說：「我寫下他所說的話，如果你願意可以拿去看。」阿爾原本以為老師會說些不良行為和不做功課等陳年老套的話，沒想到卻是：「阿爾需要改善的是，明白自己是個有責任的人、值得自我尊重和相信自己有能力寫作業。」

不僅是阿爾，連他的媽媽也得到這張字條的好處，因為它使媽媽的心思轉到阿爾未來的改進，而不再追究過去的錯誤。這種辦法避開責備與絕望（「阿爾不負責任、不做功課或可能留級。」）這張字條帶來希望和指導。

每次老師與家長的面談都可以採用這種有建設性的字條做為結尾。例如：

「比爾需要改進自己的想法，要有獨立學習的能力和值得他人讚賞的自信。」

「麗雅需要改進的地方是，在全班討論時能提供意見，和跟同學和睦相處的自信。」

「大衛需要快樂地學習、自在地談話，以及情願與人分享他的知識。」

「依玲要學習像個學者一樣，終生的興趣不變，而且做事能貫徹始終。」

「法蘭要自認能夠專心做功課而不打擾同學，談吐要更有禮貌，並且能夠和平解決爭端。」

「葛蒂需要加強學習使用不辱罵的方式表達憤怒。」

「諾德需要更信任自己的感覺和善待自己。」

如何結束會談

有時候老師跟家長的會談實在難以結束。他們可能在超過時限後，還滔滔不絕地繼續講下去，而且通常在臨走之前扯出新的話題，讓老師覺得像被虎頭鉗夾住，擔心另一個約會可能遲到，或錯過了車班。老師雖然禮貌周全地站著，內心卻像熱鍋上的螞蟻。指明會談時間已到是老師的職責：「我看我們會談的時間已經快結束了，你還有什麼事要補充嗎？」如果家長需要更多的時間討論新的問題，最好建議他另外安排一次會談。「鍾太太，我們可以再聚一次或者打電話討論好嗎？我擔心誤了車班。」會談結束之前應該有時間做和氣的道別。切實注意不要在最後一分鐘突然引出重大而不相關事件，免得破壞良好的會談。

跟行政人員有糾紛

對老師而言，校長與其助理是學校裡最頂尖的官僚。老師們認為他們經常找麻煩及要求瑣碎的事情，令他們的生活七葷八素。本書這一部分的短文，討論老師與行政人員之間的尖銳衝突，以及老師如何保護自身的尊嚴。

專業行為

這段故事是一位年輕的代課老師所說的：

「上個禮拜五，學校給我最壞的差事，要我帶六年級最差的那班。我面對十四個小瘋子像在對牛彈琴！他們之中有半數隨意進出教室，尖叫吶喊的聲音使人難以忍受。此時，沒有人肯幫我，我只能舉雙手投降。我的聲音啞了、雙腳發軟，副校長卻在這個時候出現在門口，而且在全班面前罵我。他說：『你真有本事把學生帶得翻天覆地。假如你規定功課給他們做，不讓他們自由活動，教室裡就會井然有序。他們怎麼沒事做？你來這裡幹什麼的？』當時我愣住了，深覺受到羞辱。」

在這件事裡，副校長違反了最起碼的專業標準。一位專業人員即使不知道應該怎麼辦，也會舉止適當。他應該知道事情不對勁時，需要的是及時急救而不是批評。被聲浪淹沒的老師需要的是援助而不是忠告。那位副校長應該暫時代管一下，讓老師喘息片刻，等到私下見面時，如果時間與地點合適，才提出所有的善意勸告。

申領用品

有位一年級老師送字條給副校長，要求核發鉛筆。副校長執筆回道：「我沒有鉛筆。再說，你有一整班的學生要教，怎麼還有時間寫字條來申領用品？」

老師潦草地寫下回話：「時間固然緊迫，然而我還是抽空寫。您是否也能抽空找些鉛筆給我們呢？我們這班的學生都很用功，他們會感激您的幫忙，而且我也不必再寫字條打擾您。」

不是指責的時候

有位二年級老師述說這個事件：

「校長在學生面前指責我忘記一件他交待過的小事。我生氣了。我沒有當場痛哭，反而堅決地對他說：『現在不是討論這件事的時候。』校長讓步地說：『我私下再跟你談。』

我鬆了一口氣，也再次證明我有能力應付權威人物。我感到一股內在的力量。我喜歡自己，慶幸自己能保持冷靜，沒有因為恐懼而低聲下氣賠不是。我藉著內在的力量與尊嚴守住自己的立場。」

破壞性的協助

林老師是位代課老師，她遲了半個小時才到學校。校長正等著她，並在學生面前問她：「你為什麼遲到？」「我稍後會向您稟報。」林老師回答，也技巧地迴避陷阱。但是她還是免不了得到他的「協助」。因為他離開之前對她說：「如果你在這班教書有什麼問題就打電話給我。」然後他轉向坐在教室後排的一個男生，對他吼叫：「何西，你如果給林老師找任何麻煩，你一定會後悔的。我會特別注意你。」他接著對全班說：「各位同學，我希望你們今天有良好的表現。記住我的話，別忘了喔！」

身為校長必須清楚自己話中的含意。警告學生，要他們表現良好豈不是意味：「我預料你們不守規矩。」跟老師說：「如果他們找你麻煩，就打電話給我。」意思是說：「我不相信你有能力帶這一班。」詢問老師遲到的原因等於在說：「我不認為你有正當的理由。」權威人士應該特別注意自己會對別人造成何種影響。

親切的指導

有位代課老師正在教一年級學生。副校長此時走進教室巡視上課情形。

副校長：顯示日期和氣象的記錄圖在哪裡？

老師：我用的是這份日曆。討論完氣候後，我用雨傘代表雨天。

副校長：你一定要使用記錄圖。你有初級的兒童科學執照，應該會用這個圖教學。

老師：我不認為現在適合討論這個問題。如果你願意進一步討論的話，我中午有空。

副校長：那就不必了。

指導時如果簡單扼要就會得到更多的注意。如果提出指導而不使人覺得羞辱或罪惡，就更能獲得感激。副校長可以謹慎使用簡短的一句話，告訴老師使用氣象記錄圖教氣候，根本不需要多費口舌討論。

太過離譜

有位二年級老師傳一張字條給校長，上面寫著：「我班上的四名學生寫了一齣可演五分鐘的戲，請指示我們何時可以借用禮堂表演？敬候指示。」

她收到下述的答覆：「莊老師，你可以在十月十日舉行公演。」老師在同一張字條上回覆：「十月十日是國慶日耶，這個日子未免離譜。麻煩您察看一下日程表，然後指示我哪一天可以借用禮堂。特此致謝。」

校長傳來另一張字條，寫著：「我不准許你霸占禮堂。你已經上演過一次了。」老師再次在同一張字條上回覆說：「真難以想像一場只有五分鐘的演出會是霸占禮堂。麻煩您查一下日程表，然後指示我們何時可以公演這五分鐘的戲。但願這次不至於離譜。」

過了一個禮拜，校長排出這五分鐘的公演日期。

應付權威

有位年輕的老師說出這件事：

「學校的督學出現在班門口，跟我說校長急著見我。我到達辦公室時，看到一個怒氣衝天的男士對著我揮動一封信。『都是你，害一個學生被退學，』他說，『你沒有把三年級的學生教好。你管得不夠！』我當時沒有發脾氣，只是說：『到底發生了什麼事呢？』接著是這件不愉快事件的真相。亞黛和藍茜兩人在教室裡隨意走動，使許老師大發脾氣。

她對這兩個女生大叫，還把她們趕出教室。稍後許老師要求她們道歉。藍茜很快地照辦，亞黛卻交出下面的字條：

親愛的許老師：

我注意到你並不了解小孩子。我不喜歡別人對我大吼大叫。

亞黛 敬上

許老師火大了。她念那張字條給全班聽，並且命令亞黛去訓導處。學校要她請媽媽來學校一趟。結果處罰得很重，亞黛被轉到別間學校。校長要我為這件事負責。在我的班上，這樣子的字條不僅可以接受而且還會得到讚賞。一想到這件事，我就難過——直到我了解到以下事實：

1. 小小年紀的亞黛已經能用成熟的方式處理她的感受。
2. 她已經能寫出結構健全、用字正確的信函，她的寫作水準幾乎和我寫給許多學生的信一般。
3. 亞黛雖然被學校退學，但是她保持了正直。

我現在覺得好些了。」

應付不必要的忠告

副校長聽到丁老師和學生在討論一個問題。午餐時，他見到丁老師，便說：「我不喜歡你處理問題的方式。」

「你有不同的處理辦法嗎？」丁老師回答。

「你太縱容學生了，他們必須在成長的過程中學會逆來順受。」副校長堅決地說。

「請等一下，」丁老師說著，同時取出筆記本，「讓我把你的看法記下來。」

「你把每件事都寫下來嗎？」他說，「你一寫，我就想不出來了耶。」

「用寫的記下來，我才記得住你講的話。」丁老師確定地說。

「喔！」他說，「沒想到你會重看我對你講的話。這是無上榮幸，真不敢當。」

自然而非衝動

我經常在研討會上被老師或校長問道：「我跟學生、家長或老師講話時，永遠不能露出本來的面目嗎？永遠必須三思而後行嗎？這樣做豈不是矯揉造作而且缺少自發性？」

成人必須檢討他對孩子和朋友的自然反應，必須把小麥中的磨渣排掉，必須學習分辨利弊。精神病院裡多的是自小就接受父母「自發性治療」的病患。他們父母說的盡是肺腑之言，可是，吐出的盡是謾罵侮辱。我贊成坦率待人，但反對假裝坦率而實際是衝動的言行。

幹練的教育家如同有成就的音樂家，必須經過歲月與努力的累積才能獲得技巧。這些技巧一旦融會貫通即能應用自如、不露痕跡。小提琴家在演奏時，指法、彎腰和雙重休止等問題像是從來就沒存在過。校長、老師或家長都能做出有益的回應，宛如適當的溝通是他們的母語，能隨心所欲地運用。

第十二章　難忘的老師

老師有獨特的機會，能消除學生在幼年時所受的不良影響。他們有力量影響兒童的生活，使他向善或趨惡。兒童有什麼樣的經驗，日後就長成什麼樣的人物。父母掌握第一把鑰匙，去開啟子女的生活內容與經驗。老師卻有另一把備用鑰匙，可以開啟兒童的心扉，決定他們經歷的內涵。

在本章裡，一些大學生回憶他們的小學和高中老師。他們回憶老師的形象，評估他們的影響。

「你的心靈深處好嗎？」

「我們的英文老師有把生活變複雜的獨特本事，凡事經過他解釋後，簡單的也聽起來複雜。他的主要興趣在『後勤』：準時舉行考試，文章要正式的打字，家庭作業一定要迅速交上。他從來不注重教學與學習的心理問題。他特別用心（或者說高興）讓我們面對苦惱的現實，而這種現實就像他所看到的一樣，他偶而會問我們：『你的心靈深處，今天還好吧？』他那腐蝕性的諷刺把我們的未來塗成淒涼的畫面。『快了！』他警告我們說，『你們將會江郎才盡，死路一條。』」

零的意義

「我的算術老師學識豐富，不過他總是讓我覺得自己一無是處。他雖然學富五車，舌頭卻利如刀劍，算是個逞口舌之能的高手。在他的班上，我們知道了『零』的滋味。」

回味往事

「我的歷史老師在我的生命裡留下難以忘懷的影響。他的年紀雖大，思想卻很現代化，而且天性熱情；他愛好生活與藝術，喜歡把過去的教訓轉成未來的警世楷模；他細心述說歷史事件，敬仰歷史英雄；他的談吐高雅、辯才無礙，是紳士型學者的縮影。」

納粹黨

「我在德國接受小學教育，有許多往事已經遺忘，只有一位老師讓我特別憎恨而且終身難忘。他是英格曼特先生。他就像電影裡諷刺的納粹黨員：傲慢、機械化，而且毫不厚道。此外，他喜歡發號施令，對校長低聲下氣，在課堂上卻是個暴君。我們必須坐得筆直並且閉起嘴巴，犯了小過就挨打、犯下大過就動用木尺重罰。我很怕他，祈禱他死掉，可是我的禱告不靈。這段學校經歷在我個性上留下可怕的後遺症：每當我想肯定自己時，就擔心遭到一頓斥責。」

戲劇與人生

「我們的戲劇老師是位真正的詩人與溫和的評論家。我們這群學生高傲且自認無所不知。他本來可以輕易指出我們的無知，但是他不這樣做，他著迷於我們的想像力並且抓住我們的心。他從不吹毛求疵，只是細心勸導；從不逼迫，而是說服；從不無禮謾罵，而是激發靈感。他細心地教我們對照戲劇與人生，拿捏演技與角色。經由他的教誨，我才知道如何鑑賞藝術，也才選擇戲劇做我的終身職業。」

花時間認識我們

「我最喜歡的老師是張老師。他是個非常讓人難忘的人。他花時間認識我們，鼓勵我們談生活、家庭、願望、恐懼和挫折。有一陣子，他比我父母還了解我。如果拿我爸爸的壞脾氣來比，張老師的態度是和藹可親的。他注意聽我們所講的話，我們有話也會跟他講。他很少拉高嗓門或說重話，而且從不攻擊別人。他指出應該做到的事，而且隨時可以幫忙。」

簡明的藐視

「我一輩子都討厭我的英文老師。他是我十歲以前所認識的人當中最卑鄙的一個，他擅長雙重辱罵：

『沒頭沒腦的白痴。』

『愚蠢的笨蛋！』

他像條響尾蛇，隨時具備新鮮的毒液。他經常跟我們說，他的腦袋裡有一張完美學生的圖像。我們跟這個模範生比，真是黯然失色。我們是沒有知識的文盲，浪費了他專業人士的時間與社會大眾的金錢。他的尖酸苛責減低我們的自尊，引燃我們的仇恨。他在感恩節時終於生病，我們全班為此慶祝了一番。」

最重要的眞理

「我們是全校最幸運的一班，因為我們的級任導師知道教育上最重要的信條：『自暴自棄滅人，自尊自重救人。』她為我們做的事全以這個原則為準則。她始終在減少我們的缺點、疏導我們的怒氣，和啟發我們的天賦。換句話說，她從不強迫喜歡跳舞的人去唱歌，或喜歡唱歌的人去跳舞。她允許我們發揮自己的天分。我們都敬愛她，可是學校當局認為她這樣做是危險的，因為她違背許多正統的做法，她不舉行考試、也不評分，而且反對處罰。她不相信學業成績優秀的人日後必然有成就，甚或能賺大錢。我記得她所喜愛的一則故事：

布朗和葛林在離別二十年後相遇。布朗訝異地看到葛林這麼富有又飛黃騰達，因為他在校時是個成績落後的學生。『你怎麼混得這麼好？』布朗問。『嗯，』葛林回答，『我知道我沒有你們聰明，所以就做簡單的買賣。我找到一種產品，只要一元成本就能賣五元，不騙你，這些年來利潤就愈積愈多了。』

我們找到了重點也看到了希望，即使我們不是天才。」

過度呵護

「我們的級任導師總是小心翼翼地呵護我們。她在我們的周圍營造出如履薄冰的氣氛，彷彿我們隨時會跌落下去。她誇大小過錯，用她那種極端小心的態度提醒我們。她神經兮兮地關懷我們的利益，使我們覺得不舒服。我們可以感覺到她氣餒、需要我們愛護，以及缺乏安全感。她使我們覺得有義務讓她快樂，也應該對她的痛苦感到愧疚。」

信任

「我有一位永遠懷念的老師，他幫我改變對自己和對世界的看法。在遇到他以前，我對成人有恐怖的印象。我的爸爸早逝、媽媽在外工作、祖父個性乖戾、祖母容易生氣，兩人成天吵吵鬧鬧。我的第一個老師是個卑鄙的女人，她是我祖母的翻版，也愛惹事生非和動輒處罰。我的其他老師就不一樣，只要我保持安靜，他們就心滿意足，如果我悶不吭聲，他們也不在意，我和他們沒有任何關係。後來我遇上林老師，他是我的六年級老師。他跟以前的老師不同，他喜歡跟我們在一起。有他在，我們覺得自己是個重要人物。我們的想法有了不同的轉變。他相信我們、指引我們，也喚起我們的自尊與想像力。『這個世界需要你們貢獻才幹。』他加強我們的信心說，『社會上有痛苦、疾病和貧窮。你們可以有悲天憫人的胸襟，為同胞造福祉、施援手；相反地，也可以變成扼殺同胞的劊子手，成為人類的毒瘤。不論任何情況，你們能夠當解決問題的人，也可能成為製造問題的罪魁禍首。』他的話至今依然縈迴在我的心中，引導我，使我的生活日漸向善。」

學會漠不關心

「金老師是我記憶中離我最遠的老師。教室是她的世界，講台是她的宇宙中心。她在這裡施行強制統治，把她的悲傷灌入我們年輕的心靈。她的話語盡是跟她自己有關的痛苦遭遇。只要有充裕的時間和逮得到聽眾，她就沒完沒了地說個不停。

起初，我們覺得她過火，後來對她感到厭倦，接著任她自討沒趣、不予理會。她咆哮如雷，我們充耳不聞；她痛苦萬分，我們視而不見；她嚎啕大哭，我們自行遊戲。」

勢利眼

「我們的法文老師最使我氣憤的是對待學生不公平。他自有一套對付貧、富、強、弱不同的學生的辦法，例如，體罰專門留給懦弱和沒有抵抗能力的學生。有錢人家的子弟從不會挨打，他用不同的方式伺候他們，顯然怕得罪他們的父母。窮孩子就沒有這種保護。在他的眼裡，我們是堆垃圾，不值得受到一般的禮遇。他痛恨必須教我們。他自命不凡，自認不該教普通的學生。」

機械人

「我對數目字一直不靈光。我的數學老師卻待我如程式設定錯誤的機械人，她打算更正機械裡的配線。我對這項工程沒有講話的機會，在這項為我設計的方案上，沒有人問過我的感受。老師嚴厲地教我、逼我學習、考試、再重考，她下定決心保證班上每個人都能及格。可是，我卻無疑地讓她感到『意外』。」

一股魔力

「我們的歷史老師有一股魔力。他的課點燃我們的心靈。上完他的課彷彿從夢境走出來。他知道我們喜歡冒險，就引導我們進入傳奇與秘聞的迷宮。他模仿歷史人物時，樣子十分可笑，每個朝代在他的表演下歷歷在目。他的講解很容易懂，特殊事件和象徵的意義都講得一清二楚。他堅決地認為：歷史事件不會永遠一成不變，總有些新的資料被發掘、有些被遺忘，然後又不停地再被發掘。」

走錯出口

「徐老師是我們的級任導師，她把我們看成自己的私有財產。我們被退學或得到好成績對她的威望都有直接的影響，因此，她賣力地教我們。她崇尚道德主義，也是個清教徒，任何一個文法錯誤都會使她暴跳如雷，一句普通的髒話會使她氣瘋。我們覺得她有病，可是直到她被送進醫院以前，沒有人聽到我們的抱怨。有天早上，她在盛怒之下，朝離她最近的出口走出教室，可是那個出口是三樓的窗戶。」

能言善道

「金老師是我們鍾愛的老師，而他也喜歡我們。他承認從沒教過像我們這樣的班。他的英文課是我們一天中最愉快的時光。金老師有兩個傑出的特點——真正的熱情和能言善道。他把歷史英雄和文學巨著說得十分生動。有他在，我們就談得很流暢，上他的課時，沒有人結結巴巴地說話，我們放鬆地暢所欲言。當我們說出自己的想法時，有的老師會讓我們覺得自己罪惡、怪異，金老師則不會，他的眼神給我們安全感，並且消除我們的恐懼。他給了我們寶貴的時光，我至今依然珍惜。」

尊敬生命

「我們的生物老師是我最難忘的人。他是個科學家，他的信念是：『科學進步不應該以犧牲人類為代價。』他對生命的尊敬反映在日常跟學生的相處中。上他的課使我們覺得愉快，因為他說話新鮮有趣而且不會帶刺。跟那些宣傳世界和平卻在教室裡製造紛爭的『衛道』老師們相比，他非常的不同。」

金玉良言

「康老師一進教室，我們的精神全都抖擻起來。她很會教書。我們都感染到她的好奇與活力，即使起初不喜歡她的人也會漸漸對她著迷。她的為人直接而公開。她的反應不曾擾亂我們的思維。她的答覆一清二楚，即使會造成我們質疑自己的基本信念。她的話是金玉良言。她把該講的話說出來並且不加以修飾。」

處世泰然

「傅老師已贏得我們的心，因為他讓我們有信心達成自己未來的心願。從他的眼中，我們看到自己能幹又端正，將來會有出息。他指引我們內心的憧憬，使我們確信將來一定會如願以償，生活不會遭到際遇的影響，幸福來得並不偶然。他引導我們認識自己。我們學會了解自己和明白自己要走的方向。所以，我們不再對自己陌生而能夠泰然處世。」

寫給老師的一首詩

我不會寫詩，可是，除此之外，
　我能怎麼述說？
如何說出這位人中之人——
　不高、不美；
沒帶來禮物，也沒說難聽的話。
如何述說他締造的奇蹟；

鬆開捆綁我靈魂的線，
斬斷緊繞我心扉的繩。
除此之外，我怎能述說，
他那關懷人的心。

結語

在一所私立學校開學的第一天，所有的老師都收到一封校長的信，信的內容如下：

親愛的老師們：

我是集中營的倖存者。我的眼睛看到一般人看不到的事：

瓦斯房由「有學識的」工程師建造；

兒童被「受過教育的」醫生毒死；

嬰兒被「訓練有素的」護士殺害；

婦女和嬰孩被「高學歷畢業生」射殺且焚毀。

因此，我懷疑教育。

我的要求是：希望你們幫助學生做個有人性的人。千萬不要讓你們的辛勞，栽培出有學識的怪物、有技術的瘋子或受過教育的納粹。

閱讀、寫作、算術等學科只有在用來把孩子教得更有人性時，才算是重要。

國家圖書館出版品預行編目資料

老師如何跟學生說話：親師與孩子的溝通技巧
／Haim G. Ginott 作；許麗美，許麗玉譯.
--初版. -- 臺北市：心理, 2001（民 90）
面；　公分. --（親師關懷系列；45015）
譯自：Teacher and child: A book for parents and teachers
ISBN 978-957-702-443-5（平裝）

1.師生關係　　2.學校與家庭

521.3　　　　　　　　90007600

親師關懷系列 45015

老師如何跟學生說話：親師與孩子的溝通技巧

作　　者：Haim G. Ginott
譯　　者：許麗美、許麗玉
總 編 輯：林敬堯
發 行 人：洪有義
出 版 者：心理出版社股份有限公司
地　　址：231026 新北市新店區光明街 288 號 7 樓
電　　話：(02) 29150566
傳　　真：(02) 29152928
郵撥帳號：19293172　心理出版社股份有限公司
網　　址：https://www.psy.com.tw
電子信箱：psychoco@ms15.hinet.net
印 刷 者：肯定實業股份有限公司
初版一刷：2001 年 6 月
初版十一刷：2021 年 1 月
I S B N：978-957-702-443-5
定　　價：新台幣 250 元